한류의 분석을 통한
국가브랜드 육성방안

국가브랜드와 한류

이창현 지음

한국학술정보(주)

|머리말

본 연구는 한류제품들이 한국의 국가브랜드 이미지에 미치는 영향과 한국의 국가브랜드 이미지에 대한 인식이 한국 기업과 제품 및 서비스에 대한 인식에 미친 영향을 파악하고자 했다. 구체적으로, 국가브랜드 이미지에 영향을 미치는 요인으로써의 한류를 탐구하였으며, 이를 유형적(tangible) 한류제품과 무형적 (intangible) 한류제품으로 구분하고, 유형적·무형적 한류제품들이 상호 어떤 관련성이 있는지, 이들 한류제품 유형들이 한국의 국가브랜드 이미지에 어떤 영향을 끼치는지, 국가브랜드 이미지에 대한 인식이 한국 기업과 제품에 대한 인식에는 어떤 영향을 미치는가를 계량적으로 밝혀 보고자 했다.

분석결과, 한류제품에 대한 인식이 한국 국가브랜드 이미지에 대한 인식에 긍정적 영향을 주고, 한국 국가브랜드 이미지에 대한 인식이 다시 한국기업 및 제품에 대한 인식에 영향을 주고 있음을 파악하였다. 구체적으로, 한국 국가브랜드 이미지에 대한 인식에는 식품 및 의류디자인과 같은 유형적(tangible) 한류가 영화·드라마와 같은 무형적(intangible) 한류보다 더 강한 영향을 미치는 것으로 나타났다.

이를 정리하면 국가브랜드 이미지에 대한 인식은 한국 기업과 제품 및 서비스에 강한 영향을 미치고 있는 것으로 나타나, 대외교역이 GDP의 70% 이상을 차지하는 우리나라에서 국가브랜드 이미지를 향상시키는 것은 수출기업의 해외 활동을 지원하는 핵심적인 활동으로 볼 수 있다. 이렇게 중요한 국가브랜드 이미지를 강화하기 위해서는 영향력(impact)은 상대적으로 적지만 도달범위(coverage)가 넓은 영화·드라마 같은 무형적(intangible) 한류와, 도달범위는 넓지 않지만 영향력이 더 큰 식품과 의류디자인 같은 유형적(tangible) 한류를 동시에 강화하는 것이 더욱 효과적이라고 판단된다.

따라서 본 연구의 함의는 한류의 유형별 특성에 따라 육성하는 것이 효과적이라는 것이다. 드라마나 노래 등과 같이 형체가 없는 무형적(intangible) 한류는 도달범위가 넓은 특징을 가지고 있고, 패션제품과 같이 구체적인 형태가 있는 유형적(tangible) 한류는 그 영향력(impact)이 강한 특질을 가지고 있다. 따라서 한국의 국가브랜드 이미지를 강화하기 위해서는 해외 유력 언론 등 미디어를 통한 광고·홍보 활동을 수행하여 무형적(intangible) 한류와 같은 역할을 할 수 있도록 하고, 기술 수준이 뛰어나며 대인접촉성이 높은 문화상품적인 성격을 띠는 대표 제품들을 육성하여 유형적(tangible) 한류와 같은 역할을 할 수 있도록 해야 한다. 이러한 방법을 전략적으로 활용한다면 나라의 국가브랜드 이미지 제고에 많은 기여를 할 것으로 판단된다.

끝으로 이 책의 출간을 제안해 주신 한국학술정보(주)의 권성용 선생님과 연구에 대한 지도편달을 해 주신 한국외국어대학교 김유경 교수님, 국가브랜드 관리본부를 육성·발전시키고, 공사법 개정 추진 지원으로 국가브랜드의 중요성을 입법화하는 데 많은 노고를 아끼지 않으신 KOTRA의 오성근 부사장님께 특별히 감사드리며, 아들이 건강한 사회인으로 활동하도록 항상 기원해주시는 존경하옵는 아버지 상기 님과 자애하신 어머니 박영자 님, 여동생 지령, 순주, 선백부 원기 님, 외숙부 박배원 님, 외숙모 김선옥 님, 이모부 권영창 님, 이모 박귀자 님, 종이모부 안광호 님·이연화 님, 고인이 되신 빙장어른 김준헌 교수님, 최계석 빙모님께 감사드립니다. 그리고 사랑하는 아내 김영지 님과 딸 채윤, 아들 경훈에게도 고마움의 뜻을 표한다.

2011년 6월
저자 이창현

|추천사

KB금융지주 회장 어윤대*

최근 많은 언론에서 K-POP의 한류가 동아시아를 넘어 유럽으로까지 확산되고 있다는 기사를 메인으로 다루었다. 2009년 1월 22일 범국가적인 기관으로는 세계 최초로 출범한 대통령직속 국가브랜드위원회 초대 위원장을 맡아 1년 반 동안 대한민국 국가브랜드를 높이기 위해 노력한 경험이 있다. 그해 10월 큰 행사 중의 하나가 베트남에서 열린 '베-한 우호 주간' 행사였는데 당시 '소녀시대'의 공연 중에 수많은 베트남 청소년들이 우리말로 노래를 따라 부르는 것을 보고 한류를 실감한 기억이 난다. 기존의 한류는 아시아 등에 집중되었으나, 최근에는 유튜브, 페이스북 등 SNS(Social Network Service)의 영향으로 이런 지역적 편포를 넘어 대한민국의 인지도가 낮은 유럽과 같은 서방 선진국 등으로 확산됨에 따라 대한민국을 알리는 데 많은 공헌을 할 것으로 기대된다.

그러나 이러한 한류 영향이 대한민국 인지도를 높여준다고

___

* 어윤대 박사는 고려대학교 총장, 국민경제자문회의 부의장, 국가브랜드위원회 초대 위원장 등 다수 직위를 역임하였으며 현재 KB금융지주 회장으로 재직 중이다. 고대 총장으로 재임시절, 영국 「타임즈지」의 대학별 평가에서 고대를 아시아 사립대로는 최초로 200대 대학 안에 들도록 하여 CEO총장·개혁의 전도사라는 명성을 얻었다. 또한 중국에서 정식 명예박사 학위를 받은 유일한 한국인으로서 학문적 영역과 실용적 부문 모두에서 실력을 인정받고 있다. 더구나 최근 '잡코리아'가 대학생 1,000명을 대상으로 실시한 닮고 싶은 CEO, 금융 부문에서 1위를 하여 학계·관계를 넘어 KB금융지주 회장으로 있는 재계에서도 역량을 발휘해 젊은이들의 롤모델이 되고 있다.(*편집자 주)

하더라도 이것이 곧바로 한국기업의 제품과 서비스 구매로 이어진다고 할 수는 없다. 국가브랜드위원회 위원장으로 재직하면서 한국의 국가브랜드를 높이기 위해 많은 고민을 했었다. 당시 KOTRA의 국가브랜드맵 조사결과를 바탕으로 분석을 해보니 미국·일본·독일 3개국 평균에 비해 30%가량 디스카운트된 한국의 국가브랜드 가치를 3%만 올려도 국내 대기업 3개의 영업이익과 비슷한 것으로 나타났다. 이후 G20정상회의 개최, 한류 열풍, 글로벌 대기업 성장 등 국민 모두가 다방면으로 노력한 덕분에 정상회의 개최 직후에는 국가브랜드위원회 출범 당시에 비해 코리아 디스카운트가 3% 정도 개선되었다는 KOTRA의 분석결과가 나왔다. 국가브랜드라는 것이 어느 한 국가에 대해 다른 국가 국민들이 가지고 있는 다양하고 총체적인 심상(Image)이자 인식이므로 국가브랜드 가치를 올리는 일은 오랜 시간이 걸린다. 그래서 이러한 KOTRA의 분석결과를 보고 적잖은 기쁨과 놀라움을 느꼈었다.

브랜드가 중요하다는 것은 누구나 잘 알고 있지만 어떻게 높일 수 있는지에 대해서는 뚜렷한 해답을 제시하고 있지 못하다. 특히 국가브랜드 분야는 연구 결과도 많지 않다. 이런 상황에서 국가브랜드위원회에서 같이 일을 했고 이 분야의 1세대라 할 수 있는 이창현 박사가 국가브랜드를 높일 수 있는 방안을 주제로 박사학위를 받고 이를 책으로 발간한다고 하니 여간 반가운 일이 아니다. 이 연구는 한국의 국가브랜드 향상에 많은 기여를 한 한류를 유형적(tangible), 무형적(intangible)인 한류제품으로 구분하고, 이들 상호간의 관계와 역할을 정립하였다. 이론적·실무적인 관점 모두에서 접근을 한 이 저서가 학계와 비즈니스 영역뿐만 아니라 브랜드에 관심 있는 젊은이들에게도 많은 도움이 될 것으로 본다.

목 차

머리말_4
추천사_7

1장 국가브랜드 이미지의 관리

제1절 국가브랜드 이미지 관리의 중요성_15

    1. 국가브랜드의 역할과 중요성_15
    2. 국내외의 국가브랜드 관리 현황_22

제2절 국가이미지와 국가브랜드_32

    1. 국가이미지와 국가브랜드 이미지의 정의_32
    2. 국가브랜드 이미지에 대한 연구 동향_42
    3. 국가브랜드 이미지가 기업 및 제품 인식에 미치는 영향_55

제3절 한류가 국가브랜드 이미지 형성에 미치는 영향_60

    1. 한류의 개념 및 특징_60
    2. 한류의 경험 유형: 유형적 정보와 무형적 정보의 정의와 특성_64

2장 연구문제와 분석결과

제1절 연구문제_75

제2절 국가 및 지역별 표본 수_78

제3절 측정문항의 신뢰도와 타당도 분석_80

1. 확인적 요인분석과 구조모형 분석_80

3장 결 론

제1절 연구결과 요약_91

1. 연구개요_91
2. 한류제품 경험 유형이 국가브랜드 이미지, 기업 및 제품 · 서비스의
   인식에 미치는 영향: 구조모형 분석결과_93

제2절 연구결과에 따른 시사점_94

1. 이론적 관점_94
2. 실무적 관점_97

제3절 연구의 한계점 및 향후 연구 방향_100

참고문헌_105

1장

국가브랜드 이미지의 관리

제1절 국가브랜드 이미지 관리의 중요성

1. 국가브랜드의 역할과 중요성

각 국가들은 자국민들이 경제적으로 부유하게 생활할 수 있도록 자국 소재 산업과 기업 활동을 직간접적으로 지원하고 있다. 이때 직접적 지원이란 대상 산업과 기업에 대해 기술개발을 위한 물적, 인적 지원 등을 직접 자국의 대상 기업 혹은 관련 협회 등에 제공하는 것이며, 간접적 지원이란 해당 산업과 기업의 보호와 육성을 위한 정책 및 제도의 설치와 개선을 통해 자국 산업과 기업을 보호, 육성하는 정책을 입안하고 수행하는 것인데, 주로 수출입의 관세 등을 활용한 외국 산업과 기업의 자국 진출입 통제와 자국기업의 수출 및 해외진출 촉진을 위한 정책을 수립하는 것이다.

이러한 각 국가들의 자국 경제 활성화를 위한 산업 및 기업 활동 지원 현상은 1995년 결성된 WTO(World Trade Organization)

규정에 따라 국가 간의 무역 장벽이 철폐되고 개별 산업 및 기업에 대한 직접적인 지원 및 보호정책이 완화됨에 따라 각 국가들은 자국 기업과 산업에 대해 기존의 직접적 지원 방식을 간접적 지원 방식으로 전환하거나 간접적 지원을 확대하는 방향으로 나타나고 있다. 이런 간접적 지원 확대 방안 중 가장 대표적인 것이 자국의 국가브랜드 이미지를 강화하는 것이다. 국가브랜드 이미지를 강화하는 주된 목적은 자국 산업과 기업의 이미지를 좋게 하여 자국산 제품의 판매 촉진과 고부가가치화를 간접적으로 돕는 것이다(Dinnie, 2008). 이와 같은 현상은 한국, 말레이시아, 싱가포르 등과 같은 개발도상국뿐만 아니라, 일본, 미국, 영국 등과 같이 이미 좋은 국가브랜드 이미지를 충분히 확보한 경제 선진국들에서도 나타나는데, 이는 국가브랜드 이미지 확보가 매우 중요하며, 지속적으로 관리해야 한다는 것을 나타내고 있다.

이러한 각 국가들의 활동은 기업들이 自社의 기업 및 제품 판매를 강화하기 위해 소비자를 대상으로 실시하는 마케팅 커뮤니케이션 활동과 유사한 형태로 나타난다. 마케팅 커뮤니케이션 활동의 주된 목적의 하나가 이미지를 강화하는 것인데 이는 소비자들의 구매행동과 밀접한 관계가 있다. 현대사회의 소비자들은 제품의 성능, 기능, 품질, 가격 및 서비스 등과 같은 유형적 가치뿐만 아니라 이미지가 주는 편익(benefit)과 같은 무형적인 것을 더욱 더 중요하게 생각하기 때문이다(Nye, 2004; Aaker, 1991; Oh, 2009).

이렇게 소비자들이 점점 더 중요하게 생각하는 제품에 대한 이미지를 종합적으로 관리하여 강화하는 도구의 하나로서 브랜드가 활용된다. 브랜드란 판매자 혹은 판매회사의 제품이나 서비스를 소비자에게 인지시키고 차별화시키기 위해 사용되는 독특한 이름이나 상징물(상표, 로고, 포장디자인)을 의미한다(Aaker, 1991; 이봉수, 1998; 김명전, 2006; 김유경, 2007). 소비자들이 생각하는 해당 기업과 제품의 브랜드 이미지와 관련된 사항을 종합적으로 관리하는 것이 브랜드 이미지 관리이며, 국가브랜드 이미지의 관리는 자국의 소비자뿐만 아니라 타국의 소비자들이 해당 국가의 정치, 경제, 문화, 제품, 사람, 역사 등등에 대해 생각하고 있는 다양한 이미지를 종합적으로 관리하는 것이다(김유경, 2007; 유재웅, 2008). 이러한 국가브랜드 이미지의 관리는 매우 중요한 결과로 나타나는데, 김명전(2006)에 따르면 국가브랜드 이미지는 정부, 기업, 국민이 함께 창출해 내는 것으로 국가경쟁력, 산업경쟁력, 사회·문화 경쟁력과 밀접하게 연관되어 있고, 국제통상에서 국가브랜드 이미지와 같은 것이 중요한 역할을 한다. 국가브랜드 이미지라는 개념이 불완전하고 비과학적인 특성의 결함이 있으나 국제관계에서 정치적, 경제적, 군사적 사실보다 더욱 중요한 역할을 하는 경우가 발생하고 있다고 하였다. 이는 국가브랜드 이미지의 실체와 특성, 발생환경 및 변화과정 등에 대해 명확히 이해하기가 어렵지만 실질적으로 매우 중요하게 작용한다는 뜻이다.

현대 사회에서 국가 간의 물류와 정보, 사람의 이동이 가속화

되고,[1] 이로 인한 국가와 문화 간의 교류와 접촉이 더욱 더 빈번하게 발생하고 있다. 따라서 국가브랜드 이미지의 효과적인 관리는 더욱 중요해질 것이다. 국가브랜드 이미지는 특정 국가의 이미지와 같은 소프트 파워(soft power)는 과거에 해당 국가의 인구 수, 경제력 등 물리적 힘을 상징하는 하드파워(hard power)에 비해 점점 더 중요해지고 있다는 Nye(2004)의 주장과 같이 매우 중요한 요소로 될 것이다.

이러한 이유로 많은 국가들이 자국의 국가브랜드 이미지를 높이기 위해 다양한 활동을 하고 있지만 국가브랜드 이미지를 개선하는 것은 오랜 시간이 걸리며 가시적인 성과가 단기간에 나타나기 어려운 매우 힘든 일이다. 그 이유는 기업브랜드는 관리자에 의한 통제가능 영역이 크지만, 국가브랜드 이미지의 경우 통제가능 영역이 매우 적고 복잡한(한정호·김상훈, 2004) 것일 뿐만 아니라, 기업의 이미지와 같은 유사한 특징을 가지고 있음에도 불구하고 그 형성과정이나 구조는 매우 다른 특성을 나타내고 있기 때문이다(김유경, 2007).

이러한 어려움에도 불구하고 국가브랜드 이미지를 높인다면 그 혜택은 Temporal(2006)과 Szondi(2007) 등의 주장과 같이 매우 클 것이다. Temporal(2006)은 국가브랜드 이미지가 개선된다면

---

1) WTO에 따르면 2006년도의 전 세계 무역증가율이 전년도 대비 8.5% 증가하였는데, 이는 물류가 빠르게 증가하고 있는 한 예이다. 또한 각 국가 간의 정보의 교류 또한 매우 빠르게 확대되고 있는데, 다국적 정보검색엔진인 구글(Google)의 한국 시장 점유율은 아시아 타 국가에 비해서 낮은 10%~20% 수준이지만 이를 통한 정보의 확산은 매우 빠른 속도로 이뤄지고 있다. 또한 국가 간 인적 이동의 대표적인 지표인 국제관광객 수는 1995년에 5억 6천5백만 명에서 2010년도에 10억 명을 넘어설 것으로 예측하고 있다(UNWTO, 2008).

관광객 유치, 내부투자 활성화, 수출증대라는 주요 목표의 달성이 쉬울 것이며 또한 자국민의 자신감, 긍지, 조화, 꿈, 내부결속을 향상시킴으로써 통화안정, 국제신용 회복, 투자확산, 국제등급 상향조정, 정치영향력 향상, 국제파트너십 강화, 국력신장이 될 수 있다고 주장한다. 또한 Szondi(2007)은 국내외에서 경제적, 상업적, 정치적 이익이 증진될 것이라고 주장한다.

이처럼 국가브랜드 향상을 통한 다양한 혜택을 얻기 위해서는 세계무대에서의 효율적 경쟁을 위한 국가의 세심한 브랜드 관리 계획이 필요하며(Kotler와 Gertner, 2002), 국제사회에서 브랜드화 되지 못한 국가는 타국민의 경제적, 정치적 관심을 끌기 어려울 것이기 때문에 이미지와 명성이 국가의 전략적 가치의 중심이 될 것이고 국가의 정체성 관리가 국가브랜드에 기여하는 중요한 수단이 될 것이라는 주장이다. 글로벌화가 지속 강화될 경우에 국가브랜드의 중요성은 더욱 가속화 할 것이라고 학자들은 예측했다(Ham, 2001; Olins, 1999; Porter, 1998).

Vanossi(2006)는 국가와 지역, 도시들은 관광, 내부투자, 원조, 유럽연합 같은 초국가적 기구의 회원 되기, 자신들의 제품과 서비스를 사줄 구매자 확보, 인재 구하기 등을 위해 상호 간 힘겹게 경쟁해야만 한다고 말한다. 그에 따르면, 대부분의 지역은 자신들을 알리고 판촉하기 위한 명백하고 현실적인 전략이 필요하다는 것이다.

Dinnie(2008)는 국가브랜드를 기본적으로 관광객 유치, 내부투자 활성화, 수출증대라는 중요한 세 가지 목표를 달성하기 위한 수단으로 정의하면서, 최근 많은 국가들이 인재유치 즉 고급교육을 받은 이들과 숙련된 노동인력을 유치하기 위해 끊임없이 경쟁하고 있으며 자국을 브랜드화하는 데 점차 많은 노력을 기울이고 있다고 했다.

일부 국가는 의도적 또는 계획적인 브랜드 포지셔닝 설정과 같은 브랜드 마케팅적 노력 없이도 좋은 국가브랜드 이미지를 갖고 있으나, 그렇지 않은 국가는 다른 국가보다 경쟁우위를 갖추기 위해서 국가브랜드 관리를 위한 브랜드 마케팅적 노력을 잘해야 한다는 것이다. Gilmore(2002)는 신중한 브랜드 포지셔닝 설정과 같은 브랜드 마케팅적 노력으로만 국가브랜드 이미지 관리가 가능하며, 국가의 새로운 이미지 수립은 신중한 브랜드 관리를 통해 성공할 수 있다고 주장한다. 브랜드 이미지 관리를 통해 강력한 이미지를 구축한 국가는 다른 국가 보다 확실한 차별적 우위를 가질 수 있다. 예를 들면, 관광분야에 있어 관광지들이 아름다운 경관, 깨끗한 해변, 훈훈한 정을 가진 지역민들 등에서 서로 비슷비슷하게 느껴지고 큰 차별성이 없을 수 있다. 그렇지만 브랜드 관리 체계에 기반을 두어 차별적 이미지를 구축한 관광지는 안락함, 소비자 만족 등과 함께 보이지 않는 선호도를 확보하고 독특하고 차별적인(unique) 특성들을 만들어내서 다른 관광지와 차별적 우위를 확립할 수 있다는 것이다(Morgan과 Pritchard, Poggott, 2002).

〈표 1〉 국가를 브랜드로 다룰 때 발생하는 중요한 문제들

저 자	주제와 문제점
Aldersey-Williams (1998)	• 국가의 브랜드 관리는 논쟁거리가 될 만한 고도의 정치적 행위다.
Olins (2002, 2003)	• 전통적으로 브랜드는, 제품과 기업에 관련되어 있지만, 브랜드 관리 기법은, 매스커뮤니케이션의 모든 영역에 적용될 수 있다. 예컨대, 정치지도자들은 소속정당이란 작은 우물에서 벗어나, 국가브랜드의 관리자가 되어야 한다.
O'Shaughness와 Jackson (2000)	• 국가이미지는, 브랜드 이미지와 같이 한 단어로 함축해 말하기 힘들만큼 아주 복잡하고 유동적인 것이다. 즉, 국가 정체성의 다른 요소들은 다양한 경우에 국제무대에서 관심의 대상이 된다. 이는 현재의 정치 이벤트나 심지어 최근 영화나 뉴스 방송에 의해 영향을 받기도 한다.
Gilmore (2002)	• 국가브랜드를 수립할 때 기존의 국가문화의 가치를 명확히 하는 것이 중요하다.
Mihailovich (2006)	• 단순한 슬로건만으로 국가브랜드 관리에 접근하는 것은 역효과를 가져올 수 있다.
Anholt (2007)	• 브랜드 관리라는 용어는 다소 냉소적이고 오만해 보일 수 있으므로 어느 정도는 정치인들이 이 용어를 드러내 놓고 사용하지 않는 것이 좋겠다.

출처: Dinnie(2008)

Lee(2009)는 국가브랜드 관리 활동이란 전반적이고 시스템적인 접근을 통해 국가브랜드의 비전을 개발하고, 경제적·사회적·정치적·문화적 규범을 통합하기 위한 것으로 광범위하게 정의하였다.

본고에서는 이처럼 중요하고 다양하게 정의되는 국가브랜드의 의미를 '한 국가의 경제적 목적을 달성하기 위한 효율적인 도구(tool)'로서 정의하고자 한다.

2. 국내외의 국가브랜드 관리 현황

현재 전 세계에는 231개[2]의 국가가 있으며, 관세청기준 무역이 이뤄지고 있는 나라는 220여 개국이다. 그 중에서 우리나라는 국토면적은 세계 108위이지만, 인구는 2006년 기준 세계에서 26위, 교역규모는 2007년도에 세계 10위이다. 구체적인 규모를 살펴보면 2007년도에 총 무역금액이 7,283억 달러를 넘었고 수출은 3,714억 달러로 세계 11위이다(한국무역협회 국제무역연구원, 2006, 2007).

〈표 2〉 국가브랜드 자산 평가

(억 달러)

구 분	한 국	일 본	미 국
GDP	8,880	43,641	131,329
미국=100	6.8	33.2	100.0
국가브랜드가치	5,043	32,259	130,095
미국=100	3.8	24.6	100.0

출처: 현대경제연구소(2008) 결과의 재구성

이러한 한국의 경제적 위상 등에도 불구하고 Simon Anholt가 Anholt-GMI사[3]를 통해 OECD 국가 및 주요 경제개발국가 40개국을 대상으로 조사한 국가브랜드 순위는 2007년도에 31위, 2008년도 9월 33위를 기록했으며, 산업정책연구원(2006)이 발표

---

2) 국가정보원(www.nis.go.kr)에서 취합한 내용이다. 기준에 따라 약간의 숫자 차이는 있다. 예를 들면 World Bank에 따르면 229개국이다.

3) Anholt는 GMI사와 공동으로 국가브랜드 지수(Nation Brand Index)를 발표하다가, 2008년도에 gfk로 옮겨 Anholt-gfk로 활동하고 있다

한 국가브랜드 자산에 대한 연구 보고서를 현대경제연구소 (2008)에서 재분석하여 발표한 자료에 따르면 한국의 브랜드자 산은 일본의 1/6, 미국의 1/26에 불과하고 미국 브랜드 자산을 100%로 비교하면 4%대 수준이라는 것이다. 또한 이 보고서는 한국의 GDP가 일본의 1/5, 미국의 1/14 수준인 것에 비해 브랜 드 자산가치는 더욱 낮으며, 이는 매우 심각한 문제라고 하였다. 이러한 낮은 국가브랜드는 우리나라 경제에서 무역이 차지하는 비중 즉 무역의존도는 71.5%로, 수출대국이라는 일본(28.2%), 미 국(22.4%)과 비교해 보면 무역이 우리나라 경제에 미치는 영향 이 얼마나 큰지 알 수 있다. 그런데 이렇게 낮은 국가브랜드로 인해 수출상품에 대한 저평가 현상이 지속된다는 것은 매우 심 각한 문제가 아닐 수 없다(한국무역협회 국제무역연구원, 2007).

한국의 국가브랜드가 저평가된 현황은 우리나라 수출제품의 인식에도 그대로 반영되어 국가브랜드맵 조사결과에 따르면 독 일, 일본, 미국의 제품과 동일한 제품이라 하더라도 한국산일 경 우 지불기대 가격[4] 비교 대상 3국의 65% 수준이라는 조사결과 가 나왔다(KOTRA, 2006)[5]. 2007년도에 수행한 2차 조사 결과도 유사한 결과를 나타냈는데, KOTRA에서 수행한 조사 보고서에 따르면 원산지가 어느 나라인지에 따라 가격의 차이가 많이 난 다는 것을 보여준다.

---

[4] "만약 가격이 $100인 한국의 어떤 제품 및 서비스가 있다고 했을 때 동일한 제품 및 서비스가 아 래 해당하는 각 국가의 제품 및 서비스라면 가격이 얼마라고 생각하는지 기입하여 주시기 바랍니 다."라는 질문항으로 평가하였다. 이를 지불기대 가격으로 표현한다.
[5] KOTRA가 21개국의 경제인, 재외교포 등 2,809명을 대상으로 조사

〈표 3〉 한국 제품의 지불기대 가격

국 가	일 본	중 국	독 일	미 국	한 국
지불기대 가격	148.7	71.2	155.0	148.6	100.0

출처: KOTRA(2008)

이는 국가브랜드가 국가경제와 직접적인매우 강력한 관계가 있다는 것을 나타낸다.

한편 2005년도에 KOTRA가 70개국을 대상으로 조사한 한국에 대한 최초 연상이미지는 한국음식, 경제성장, 자동차, 아시아, 기술력, 제조업국가, IT국가, 월드컵, 한류 등과 같은 긍정적 이미지와 남북분단국, 배타적, 한국전쟁, 노사분규, 부정부패 등과 같은 부정적 이미지가 상존하는 것으로 나타났다(KOTRA, 2005).

이처럼 국가브랜드 이미지가 상대적으로 낮고, 뚜렷한 긍정적인 대표 이미지가 없으며, 오랫동안 지속된 부정적인 이미지가 상존하고 있는 상황에서 한국의 대기업은 미국 등과 같은 주요 선진국에서 실시하는 광고 등 마케팅활동에서 한국과 국가브랜드 이미지를 연계하지 않으려는 경향을 보이고 있다. 즉 해외에서 대규모 광고비를 지출하고 있는 삼성, LG, 현대와 같은 대기업들은 자사의 제품에 한국이라는 이미지를 연계하지 않고 있는 것으로 나타났다. 이는 프랑스 화장품인 Chanel, 일본의 자동차인 TOYOTA, 독일의 자동차인 Mercedes와 같이 자국의 국가브랜드 이미지와 연계한 활동을 함으로써 국가브랜드 이미지와 기업 이미지의 동반성장을 추구하는 현상이 미약하다는 것이다.

이에 대한 실증적 자료인 미국의 앤더슨 애널리틱스사가 미

국 375개 대학생 1,000명을 대상으로 한 조사에서도 잘 나타나
있다. 삼성을 일본기업으로 알고 있는 비중이 58%이며, 한국기
업으로 알고 있는 비중은 10%에 지나지 않았다. 한편 LG도 마
찬가지로 42%가 미국기업으로 알고 있으며, 일본기업으로 인지
하는 비율을 20%, 한국기업으로 인지하는 비율은 9%에 지나지
않았다. 현대자동차 또한 마찬가지여서 일본기업으로 인식하는
경우가 56%이며, 한국 기업으로 인식하는 비중은 25%일 뿐이
다[6]. 한편, Kim(2006)은 미국 대학생을 대상으로 조사를 하였는
데, 조사대상자들이 삼성을 일본기업으로 알고 있는 경우가
34.9%이며, 단지 8%만이 한국기업으로 인식하고 있었다. 앤더
슨 애널리틱스사의 2007년도 조사와 Kim(2006)의 2006년도 조
사는 그 시점과 대상이 다르지만 거의 유사한 수준으로 나타났
다. 조사 방법의 차이에도 불구하고 이런 일관성을 보이는 것은
현실을 잘 반영하는 것이라고 볼 수 있다.

　이러한 사실은 한국의 국가브랜드 이미지 관리차원에서는 매
우 불리한 요소이다. 다른 국가들과 달리 우리나라는 기술력이
우수한 세계적인 대기업들과 국가브랜드 이미지의 연계성이 저
조하다는 것이다. 국가브랜드 이미지가 대기업들과 유리되어,
글로벌 대기업들의 첨단 이미지 혹은 기술 이미지를 국가가 공
유하고 있지 못하고 있어서 국가브랜드 이미지 전체적으로도
많은 누수가 있으며, 그 영향으로 중소기업 등의 수출에도 긍정

---

6) 연합뉴스, 매일경제, 조선일보, 중앙일보, 2007, 5, 25.

적이지 못한 영향을 미치고 있다는 것이다. 대기업들이 외국에서 마케팅 활동을 할 때 우리나라의 취약한 국가브랜드 이미지를 연계하는 것이 자사 제품을 고부가가치화(Premium Pricing)하기가 어렵다는 것이 주된 이유이다. 하지만 결과적으로 보면 한국의 국가브랜드 이미지 형성에 긍정적이지 못한 현상이다.

우리나라는 수출 등의 경제규모에 비해 상대적으로 낮은 한국의 국가브랜드 이미지로 인해 국내 대기업들이 한국의 원산지 이미지를 연계하지 않으며, 이에 따라 한국의 국가브랜드 이미지를 개선하지 못하는 악순환이 지속되고 있는 것이다.

이러한 이유는 우리나라가 다른 국가들에 비해서 국가의 브랜드 이미지에 대한 이해가 상대적으로 미흡했고 관리의 개념을 명확히 도입하지 못했기 때문이다. 이에 대한 증거 중 하나는 관련 정부예산이 타 국가들에 비해 매우 부족하다는 점이다. 정부예산 중에서 해외홍보에 사용하는 비율이 우리나라는 0.009%로 우리나라와 인구규모가 비슷한 프랑스의 0.45%에 비해 약 2% 수준에 불과하며, 영국의 9%에 불과한 매우 미미한 수준이다.

비록 최근 들어 정부가 국가브랜드 이미지를 제고하기 위해 예산 측면에서 많은 노력을 하고 있으나, 이 역시 한국 주위의 동아시아에 있는 주요 경쟁국과 비교해보면 매우 미흡하다. 문화관광부의 해외 광고 집행을 위한 매체비용을 2006년도에 60억 수준에서 2007년도 이후에 200억 원 수준(07년 193억 원, 08년 205억 원)으로 대폭 확대하였다. 그럼에도 불구하고 이 비용은 동아시아에서 가장 많은 해외광고비를 지출하고 있는 말레이시아에 비해

〈표 4〉 주요국 홍보예산 비교(2004년도 기준)

국 가	정부예산 (A)	해외홍보예산 (B)	비율 (B/A)
한 국	1,455억 불	1,365만 불	0.009%
프랑스	5,140억 불	23억 불	0.45%
홍 콩	322억 불	6천5백만 불	0.2%
영 국	7,619억 불	7억6천만 불	0.1%
호 주	1,207억 불	6천3백만 불	0.053%
일 본	6,568억 불	2억3천만 불	0.035%
멕시코	1,650억 불	3천3백만 불	0.02%

출처: 문화관광체육부(2009)

1/4 수준에 불과하며, 5번째로 많이 지출하고 있는 태국의 60% 수준에 불과하다. 이미 우수한 국가브랜드 이미지를 기 확보한 유럽 선진국들이 국가브랜드 이미지 강화를 위해서 사용하는 비용은 2007년 기준 스페인 1,800억 원, 독일 1,100억 원, 프랑스 900억 원, 오스트리아 800억 원, 독일 450억 원 수준이다(기획재정부, 2008).

예산부족 문제 이외에도 전략적 관리의 개념 부재를 들 수 있다. 현재 각 정부기관은 각각 해당 부서의 특성에 맞게 다양한 노력을 하고 있으나 노력들의 연계성이 떨어지고, 활동이 분산되어 있어 효과성이 떨어진다. 예를 들어 문화체육관광부는 한국의 전통문화산업 육성을 위한 '흔스타일'과 관광을 목적으로 문화체육관광부와 관광공사가 공동으로 'Korea, Sparkling'을 만들어 국내외에서 다양한 광고홍보활동을 하고 있다. 지식경제부는 KOTRA와 함께 Korea Discount 현상, 즉 한국 제품이 제값을 받지 못하고 있는 현실에 대응하기 위해 'Premium Korea' 브랜드 전략을 수립하고 있다. 한편 정부는 이러한 직접적인 지원 활동뿐만 아니라 여타의 간접적인 지원 활동도 함께 병행하고 있는데, 외교통상부 산하의 KOICA는 연간 80여 개 개발도상국가 4,000여 명의 여론선도층을 국내에 초청하여 교육, 연수를 지원하면서 우리나라를 홍보하고 있다.

이상과 같이 살펴본 우리나라의 국가브랜드 관리는 구조적으로 볼 때, 여러 기관에 산재되어 있어 시너지가 미흡할 수 있고, 예산 측면에서 볼 때 각각의 집행금액이 국가브랜드 이미지를 해외에 알리는데 필요한 미디어 노출 임계치를 확보하기가 힘들 것으로 판단된다.

한편 2008년 이명박 대통령이 8.15 경축사를 통해 국가브랜드 위원회를 대통령직속으로 설치할 것을 밝힌 뒤, 2009년도 1월에 정식으로 출범한 국가브랜드 위원회가 국가브랜드 제고를 위해 노력하고 있다. 형식상으로 볼 때 국가브랜드 관리의 최고 책임자가 국무총리에서 대통령으로 격상된 것이다. 초대 위원장으로는 어윤대 전 고려대 총장을 선임하였으며, 2대 위원장으로 이배용 전 이화여대 총장을 선임하였는데 그 성과가 기대된다. 그간 한국 정부는 2002년 월드컵을 계기로 국가브랜드를 'Dynamic Korea'로 결정하고 국무총리를 위원장으로 하는 국가이미지 위원회를 구성하여 2008년까지 국가브랜드를 관리하였다.

현재 우리나라는 'Dynamic Korea'가 최고위 국가브랜드로서 역할을 하고 있으며 국정홍보처가 2008년도에 폐지되고 난 뒤

국정홍보처 내에 설치되어 있던 해외홍보원은 현재 문화체육관광부에 이관되어 있으며, 'Dynamic Korea'라는 브랜드의 홍보 등 실행부분에 대한 예산 등은 이곳 해외홍보원에서 집행하고 있다. 또한 문화체육관광부와 산하기관인 관광공사, 외교통상부와 산하기관인 KOICA, 지식경제부와 산하기관인 KOTRA 등에서 국가브랜드를 높일 수 있도록 지속적인 활동[7]을 하고 있다.

한편 순수한 민간단체들의 활동도 있는데, 대표적인 것이 VANK('Voluntary Agency Network of Korea'의 머리글자를 딴 것으로, 한국을 알고 싶어 하는 사람들에게 이메일을 통해 한국에 관한 모든 것을 알려 주는 사이버 관광가이드이자 사이버 외교사절단 역할을 하는 조직) 등이다. 이 단체는 비교적 잘 조직되어 있으나, 이름에서 나타나듯 자발적인 민간단체로 운영 중이어서 예산이 절대 부족하여 다양한 활동을 하기가 힘든 상황이다.

OECD국가들과 한국을 둘러싼 인근 동아시아 국가들의 국가브랜드 관리 현황을 살펴보면 매우 흥미로운 현상을 발견할 수 있는데, 우리나라의 "Dynamic KOREA"와 같은 국가브랜드를 따로 제정해서 관리하고 있는 국가들의 해당 국가브랜드 제정시기가[8] 대부분 최근 10년 전후임을 알 수 있다.

---

7) KOTRA에서는 2008년 KOTRA 보증 브랜드 제도(KOTRA, Seal of Excellence라는 로고를 희망 기업 중 선별 심사하여 부여하는 제도)를 운영하면서 브랜드력이 취약한 수출기업들의 해외 진출을 지원하고 있다. 2008년도에 30개 업체를 대상으로 시범사업을 성공적으로 수행하였고, 2009년도에 170개 기업을 추가로 선정하였는데, 2009년도의 경우 평균 3:1 수준의 높은 지원 경쟁률을 보여 한국의 수출기업들이 브랜드력이 취약함을 반증하였다(인터뷰: 이광호 KOTRA 보증 브랜드 전담반장).

8) 〈표 5, 6〉 참조. 출처 : KOTRA(2007)

<표 5> OECD국가들의 국가브랜드 관리 현황 요약표

	국가명	국가브랜드명	제정/관리연도	비고
1	그리스	Greece, Explore your senses	2007	국가경쟁력제고위원회(위원장: 개발부장관), 매년변경
2	네덜란드	Pioneers in international business	2005	성공적 운영, 확대 중
3	뉴질랜드	100% Pure New Zealand	1999	전 세계적 가장 모범 사례 중의 하나
4	독일	Deutschland-Land of Idea	2005	최근 강화 중. 과거 번영의 토대였던 아이디어, 발명, 혁신의 지속 강조
5	스위스	스위스 십자 로고	1848	국기의 로고 등을 다양하게 활용. 긍정적 평가
6	스페인	태양상징 로고와 'SMILE! YOU ARE IN SPAIN'슬로건	1978	천연자원인 태양을 상징하는 로고 등 긍정적 평가
7	오스트리아	Expect Emotions!	2005	05년도 변경. Finally Austria(01년)
8	일본	네오재패니스크 (Neo Japanesque)	2006	과거의 경제동물 이미지 탈피 노력 일환
9	캐나다	단풍잎 로고	1965	국기 제정 시부터 사용. 전체 전달 이미지 약함
10	터키	튤립 로고와 국가명	1985	지속사용. 관광객 증가 등으로 호평
11	폴란드	Great Minds thing Alike	2006	06년 변경 "Poland-the Heart of Europe" (05년)
12	핀란드	Finland Naturally	1999	필요성 절감하나 전반적 관리 부재 상황임
13	체코	준비 중(현재 준비 중)	2006	체계적으로 진행되지 않고 있음
14	덴마크	없음	-	'05년 해외홍보용 덴마크 Fund를 설립('07-'10년 DKK412백만(UD$75백만)
15	멕시코	없음	-	국가차원의 진행내용 없음
16	미국	주정부에서 관장	-	냉전 이후 부서 축소, 통폐합. 9.11이후 강화. 각 부서에 따라 홍보 활동 중
17	벨기에	주정부에서 관장	-	각 지방정부 시행, 자주 변경
18	스웨덴	없음	-	'95년부터 스웨덴 이미지 홍보 위원회에서 관리, 예산 미흡
19	영국	UK! OK!	-	'97년 'Cool Britannia' 실패 후 필요에 따라 적절히 활용하는 정책으로 전환

20	이탈리아	없음	–	과거 수십 년간 'made in italy' 전 시회 지속 개최, 성과 높은 편
21	프랑스	없음	–	관광분야 등 상황에 맞게 실무적 관리. 최근 첨단산업이미지 강화 움직임
22	헝가리	없음	–	'93년 외자유치 전담기구(ITD) 설 립, 적극적 외자유치 활동을 통한 국가이미지 제고
23	호주	없음	–	산업, 관광 등 분야별 소관 부서에 서 관리

또한 선진국들에 비해 개도국 등에서 보다 집중하고 있음을
알 수 있다. 특히 서구에 비해 상대적으로 산업화 및 경제력이
뒤떨어졌으며, 세계로 진출이 늦어 국제적인 인지도 및 이해도
가 구미 선진국에 대해서 열세인 동아시아 국가들이 최근 2000
년 이후에 활동을 집중하고 있다.

〈표 6〉 동남아 주변 주요 국가들의 국가브랜드 관리 현황 요약표

국가명		국가브랜드명	제정/관리 연도	비고
1	대만	Green Silicon Island	2000	대만을 깨끗한 환경을 간직한 첨단산업 의 섬으로 육성 전략
2	인도 네시아	The Ultimate in Diversity	2002	다양한 언어, 민족, 종교 등을 상징
3	베트남	Vietnam-The Hidden Charm	2006	관광 촉진 및 국가이미지 형성
4	중국	없음	–	각 성별로 사용. 상하이는 '00년도 엑스포 에서 'Better City, Better Life' 채택활용
5	홍콩	Asia's World City	2001	홍콩 반환 후 경제적 난관, 외환위기, 사 스의 극복 노력

제2절 국가이미지와 국가브랜드

1. 국가이미지와 국가브랜드 이미지의 정의

국가브랜드 이미지는 브랜드 이미지의 개념을 국가 차원에 적용한 것이라고 할 수 있다. 일반적으로 국가브랜드는 무형적 가치를 지니고 있기 때문에 국가브랜드 이미지 또는 국가이미지와 용어가 혼용되어 사용되어 왔다(산업정책연구원, 2003).

Hall(1986)은 어떤 국가 또는 그 나라 국민에 대해 사람들이 지니고 있는 일반적인 묘사 혹은 어떤 국가 또는 그 나라 국민에 대해서 사람들이 일반적으로 사실이라고 믿는 것이 국가이미지라고 정의한다. 한편, 김유경(2007)과 Dinnie(2008)는 국가이미지와 국가브랜드 이미지의 개념을 구분한다. 이들은 '국가이미지'란 국가 혹은 국민에 대해 사람들이 갖고 있는 다양한 정보를 바탕으로 형성되는 일반적인 인식 또는 믿음을 말하며, '국가브랜드 이미지'는 국가이미지를 마케팅 관점에서 재활성화하는 과정에서 다양한 분야에 걸쳐 형성되는 인식과 태도의 총합이라고 정의한다.

국가와 브랜드, 이미지라는 추상적인 단어의 결합인 국가브랜드 이미지라는 용어에 대한 기존의 정의는 다음과 같다.

먼저 국가는 사전적인 의미로 볼 때, 통치조직을 가지고 일정한 영토에 정주(定住)하는 다수인으로 이루어진 것으로 국가의 틀 속에는 국민, 영토, 주권(정부) 등이 포함된다(국립국어원, 2009).

브랜드란 우리나라 법에서는 '상품을 표시하는 생산·제조·가공·증명 또는 판매자가 자기 상품을 타 사업자의 상품과 식별하기 위하여 사용하는 기호, 문자, 도형 또는 그 결합체를 말한다.'고 규정[9]하고 있다. 한편 미국의 마케팅 협회(AMA)는 브랜드란 '기업이 판매 또는 제공하는 상품 내지 서비스에 관하여 다른 경쟁업자의 그것과 구별하기 위해 사용되는 품질, 명칭, 상징, 디자인 또는 그것들의 집합체'라고 정의하고 있다. 브랜드는 단순히 브랜드명을 일컫는 것이 아니라 상품 자체를 의미하고 나아가 경영체를 상징하기에 이르렀다. 소비자는 브랜드를 제품 구성의 중요한 부분으로 인식하기 때문에 브랜드로 말미암아 제품의 가치를 증대시킬 수도 있고 그와 반대로 감소시킬 수도 있다. 시장 경쟁에서의 브랜드의 위치는 상품의 생존과 직결된다고 할 수 있다(유재웅, 2008).

브랜드 이미지란 '소비자가 어떤 기업의 브랜드 명에 대해 지니고 있는 좋고 나쁜 감정들의 여러 정보나 단서와 결합하여 형성된 총체적 연상'(김유경, 2004), '의미를 지니고 조직화된 연상들의 집합'(Aaker, Fournier, Allen과 Olson, 1995), '소비자 기억 속에 새겨진 브랜드 연상들에 의해 표현된 브랜드에 대한 인식'(Keller, 1998)이라는 정의 등이 있다. 이를 정리해 본다면 '소비자가 특정기업의 브랜드에 대해 가지고 있는 좋고 나쁜 느낌' 또는 '브랜드에 대한 신념 등과 같이 제품 자체에 대한 감정이

---

9) 지적재산권(브랜드)법 제1조 1항(한국)

제품과 관련된 여러 정보의 간접적 요소와 결합되어 형성된 소비자의 심리적 구조체계'라고 정의될 수 있으며, 이는 '특정 브랜드가 소비자의 감각기관을 통해 받아들여져서 해석되는 어떤 의미'(김유경, 2007) 등으로 보는 것이 타당하겠다.

본 연구에서 사용하는 국가브랜드 이미지라는 용어의 정의가 명확해지기 이전에 사용되었던 국가이미지에 대한 정의를 다음과 같이 살펴봄으로써 각 용어 간의 개념을 보다 명확히 하고자 한다.

먼저 국가적인 관점에서 살펴보면, Kim, Son과 Na(1997)는 국가이미지란 국가가 이미지 형성의 대상이 되는 경우에 있어서 어떤 국가에 대하여 사람들이 갖는 다양한 정보를 바탕으로 형성된 종합적이고 복합적인 심상이라고 정의했으며, 신호창(2001)은 국가 혹은 국민들에 대해 사람들이 갖는 다양한 정보를 바탕으로 형성되는 일반적인 인식 또는 믿음으로 정의한다. 여기서 다양한 정보란 해당 국가의 정부, 경제, 사회, 문화 등에 관련된 것을 의미한다. 또한 Moffitt(1994)는 국가이미지를 조직적, 개인적, 역사적, 문화적 요인들에서 일어나는 다차원적인 과정이라고 보면서, 각각의 공중은 독특하고 각기 다른 이미지를 가진다고 하였다.

마케팅적 관점에서 볼 때 국가이미지란 특정 국가의 제품이나 서비스에 대하여 기업인이나 소비자가 부여하는 심상이나 명성, 외국산 제품에 대하여 소비자가 품질을 지각할 때 나타나는 고정관념 혹은 편견(Anderson과 Cunningham, 1972), 특정 국가의 제품에 대한 선입견과 마케팅의 강·약점에 대한 토대 위에

소비자들이 특정 국가 제품으로부터 형성하고 있는 총체적 인식(Roth와 Romeo, 1992), 제품의 제조국 정보로부터 생긴 소비자의 지각(정성훈 등, 2005) 등이 있다. 마케팅적 시각에서의 국가이미지는 제품의 지각된 품질이라는 단일 차원을 강조하는 경향이 있다. 이는 국가이미지를 형성하는 데 영향을 미치는 다양한 요소 중 특히 제품 요소를 강조한 것이다. 이러한 정의에 대해 Papadopoulos(1993)는 국가이미지에 대한 정의라는 측면보다는 제품의 국가이미지(product-country image)에 대한 정의 측면에 더 가깝다고 주장한다.

이러한 주장 즉 국가이미지를 제품의 지각된 품질이라는 단일차원에서 바라보는 견해에서 벗어나 다차원적으로 파악하자는 연구들이 등장하였다. 국가이미지라는 개념을 국가의 경제적, 정치적, 문화적 차원들과 함께 구성원인 국민에 대한 이미지까지 광범위하게 포함될 수 있는 것으로 파악하는 것이다. 이러한 관점의 정의로는 특정 국가에 관해 사람들이 갖고 있는 모든 기술적, 추론적, 정보적 믿음의 총체(Bluemelhuber, Carter와 Lamber, 2007; Martin과 Eroglu, 1993; 서용건 등 2004; 염성원 등, 2003 등), 국가라는 대상에 대해 개인들이 가지는 주관적 신념, 아이디어, 인상의 집합(안종석, 2005)이라는 정의 등이 있다.

이러한 여러 주장을 종합해 볼 때 국가이미지란 특정 국가에 대하여 사람들이 갖고 있는 신념, 인상 등의 집합이자, 인지적, 감정적, 행동적인 면을 모두 포함하는 개념이라고 할 수 있을 것이며, 특정 국가에 대한 사람들의 종합적이고 복합적인 심상이라 할 수 있다(산업정책연구원, 2007; 유재웅, 2008).

한편 원산지(country of origin)란 소비자가 상표명을 추론할 수 있는 국가, 즉 본사국(home country)을 지칭하며, 제품 원산지(product country of origin)나 제조국은 최종 조립 시점의 국가를 의미하는데, 원산지 개념은 보다 세분화될 수 있다. 예컨대 자동차나 컴퓨터와 같이 기능적으로 나뉘어 생산이 이루어지는 경우 디자인, 조립, 부품, 본사 등이 모두 다를 수 있는데 이에 따라 디자인 원산지(COO of Design), 조립 원산지(COO of Assembly), 부품 원산지(COO of Part or Component), 기업 원산지(COO of Corporate)로 구분할 수 있다. 제조국, 브랜드국, 조립국, 이중 원산지, R&D 국가가 상이한 복합 원산지 제품(hybrid product)이 확산되면서 제품 원산지에 대한 소비자의 인식에 많은 변화가 있다(Al-Sulaiti와 Baker, 1998; Chao, Wührer와 Werani, 2005; 황병일·김범종, 2001; 이춘수, 2006).

근래 국제 마케팅 분야에서 원산지 또는 제조국 이미지 개념 대신 국가이미지 개념을 많이 사용한다고 하더라도, 두 개념은 서로 유사한 면이 있으나 본질적으로 동일하다고 하기 어렵다. 가장 근본적인 차이는 국가이미지가 특정 국가의 제품 사용으로 형성될 수는 있지만, 국가이미지 자체가 제품 이미지나 제품에 대한 태도와 같은 것은 아니기 때문이다(김봉철·이병관·최양호, 2005). Martin 등(1993)이 강조하듯이 국가이미지란 제품 사용을 뛰어넘어 사람들이 특정 국가에 관해 갖고 있는 설명적이고 추론적이며 정보 제공적인 신념의 총체로서 보다 포괄적인 개념이기 때문이다. 다시 말해 국가이미지는 제품에 의해서 뿐만 아니라 그 국가의 경제적, 정치적 위상, 역사적 사건, 해당 국과의 관계, 전통, 공업화 정도, 기술적 선진성 등과 같은 다른 많은 변수에 의해 형성될 수 있다는 데서 제품 이미지나 원산지 이미지와 차이가 있다(이춘수, 2006).

그러나 원산지 이미지의 개념을 특정 제품에 국한시키지 않고, 국가이미지까지 포괄하는 개념으로 이해할 경우 원산지 이미지와 국가이미지 간에 개념의 상하위 간 위계(Hierarch)의 설정은 복잡하게 나타난다. 예컨대, 황병일 등(2001)은 국가이미지의 개념까지 반영해 소비자가 제품이나 서비스의 생산 과정과 제공에 참여하는 국가에 대해 갖는 전반적인 지각의 총체로 원산지 이미지의 개념을 규정하고 있다. 이런 관점에서 볼 때는 원산지 이미지를 국가이미지의 하위 개념으로 보기 어렵다. 원산지 이미지 형성의 한 요인으로 국가이미지가 있고, 원산지 이미지는 제품 이상의 여러 요인에 의해 형성되는 것을 의미하기 때문에 국가이미지와 원산지 이미지는 개념 설정을 어떻게 하느냐에 따라 명확히 구분되기도 하고, 경계 구분이 모호한 유사한 개념이 되기도 한다.

Anderson 등(1972)은 국가이미지를 외국산 제품에 대해서 소비자들이 그 품질을 지각하는데 있어서 고정관념 내지는 편견으로 정의하고 이것은 문화적 요인과 개인적 요인이라는 국가 특성에 의해서 형성된다고 하였다.

<표 7> 국가이미지에 대한 주요 제 정의

연도	연구자	내 용
1970	Nagashima	소비자가 부여하는 심상(picture), 명성(reputation) 고정관념(stereotype)
1972	Anderson 등	외국산 제품에 대한 지각품질에 대한 고정관념 내지는 편견
1981	Narayana	소비자에 의해서 지각된 국가의 제품과 관련된 전체적이며 함축적인 모습
1989	Han	제품 평가 시 소비자들이 알지 못하는 외국 브랜드에 대한 품질을 추론함에 있어 원산지국 이미지의 후광효과
1992	Roth 등	특정국가의 생산과 마케팅의 과거 인식에 기초한 해당 국가에서 제조된 제품에 대한 전반적인 인식
1993	Martin 등	특정국가에 대해서 가지고 있는 기술적, 추론적, 정보적 차원에서의 신념들의 총합으로 규정, 즉 생산지의 관련 정보
2007	김유경	전통적인 국가라는 통치적 위상을 생산과 소비의 목적과 수단이라는 측면에서 재정의 함으로써 타 국가와의 경쟁에서 차별화하는 활동으로 정의, 즉 기존의 다양하고 다차원적인 이미지를 종합적인 측면에서 관리하기 위한 도구

출처: 정성훈 등(2005), 김유경(2007)의 자료를 기초로 재구성

Narayana(1981)는 특정국가의 제품에 대한 국가이미지는 소비자에 의해서 지각된 국가의 제품과 관련된 전체적이며 함축적인 것이라고 하였다. Han(1989)은 원산지 국가이미지를 한 국가에서 생산된 제품에 대한 소비자들의 전반적인 지각으로 정의하면서, 제품 평가 시 소비자들이 알지 못하는 외국브랜드에 대한 품질을 추론함에 있어 원산지 이미지가 후광으로 작용한다고 주장하였다.

Roth 등(1992)은 국가이미지란 특정국가가 과거에 행한 생산과 마케팅에 대한 인식을 바탕으로 특정 국가의 제품에 대한 갖는 전반적인 인식으로 정의하였다. Martin 등(1993)은 심리학, 정치학, 사회학, 마케팅의 문헌에 근거하여 국가이미지를 사람의

특정국가에 대해서 가지고 있는 기술적, 추론적, 정보적 차원에서의 신념(beliefs)들의 총합으로 규정하였다.

Nebenzahl과 Jaffe, Lampart(1997)는 제품 평가에 영향을 미치는 국가이미지를 4가지 유형으로 분류하였다. ① Home Country − 소비자가 거주하는 국가, ② Origin Country − 소위 원산지를 말하며, 해당 제품이 어디에서 생산됐는지 상관없이 소비자들이 특정 제품이나 브랜드가 어디 것이라고 생각하는 것을 말한다. 예컨대 GE 제품이라면 미국 이외의 국가에서 생산된 것에 대해서도 이를 미국 브랜드라고 생각하는 것을 말한다. ③ Made-in Country − 제품 표식에 나타나는 국가를 말하며, 최종제품 생산지를 말한다. ④ Designed-in country − 핵심 부분 또는 전체 완성품이 디자인된 국가를 말한다.

이러한 개념을 종합해 볼 때 국가이미지가 제품의 국가 간 교류에 중요한 이유는 다음과 같다.

첫째, 국가이미지 효과는 일종의 편견으로서 소비자들이 비교적 지속적으로 갖고 제품을 평가하기 때문이다. 특히 제품에 대한 경험이나 정보가 거의 없을 때에는 국가이미지가 후광효과(halo effect)로 작용해 많은 소비자들이 제품에 대한 정보를 탐색하기도 전에 어떤 결론을 도출하기도 한다(Han, 1989). 소비자들이 외국제품을 구입할 때 모든 제품과 그에 관한 정보를 모두 파악하기란 쉽지 않기 때문에 원산지에 대한 정보는 대리적 지표로서 그 중요성이 크며 소비자의 구매행동을 설명하고 예측하는 데 도움이 되는 매우 중요한 요인이 된다.

둘째, 기업의 이미지에 미치는 영향으로 인해 기업이 지출하는 마케팅 비용과 직결되고 있다. 즉 기업의 이미지를 형성하는 데 중요한 단서로 작용하는 것이다. 국가 간의 교역량이 증가하고 기업의 해외 생산이 확대되어 글로벌 경영화되면서 소비자들이 국제적 제품을 대할 기회가 더욱 증가함에 따라 국가이미지 효과는 그 중요성이 보다 강조되고 있다.

이처럼 국가이미지에 대한 연구가 비교적 오랜 기간 동안 매우 다양하게 진행되었으며 그 대상 영역도 점차 다양하게 확대되고, 분야도 전문화되고 있음에도 불구하고, 국가이미지를 관리적 개념이 포함된 브랜드적인 측면에서 수행한 연구는 아직 미흡한 실정이다. 국가브랜드라는 개념이 등장한 것은 국가도 이제 일반 기업이나 회사 제품처럼 일종의 브랜드 대상으로 이해하고 보다 체계적으로 관리해야한다는 취지를 담고 있다고 할 수 있다.

국가브랜드란 한 국가의 자연환경, 국민, 역사, 문화, 전통, 정치체계, 경제 수준, 사회 안정, 제품, 서비스, 문화 등의 유형 또는 무형의 정보와 경험을 활용하여 내외국민들에게 의도적으로 심어주고자 기획된 상징체계라 할 수 있다. 다시 말해 국가브랜드는 사람들로 하여금 특정 국가 또는 특정 국가의 집단, 제품, 서비스를 식별하고 다른 국가와 구별하도록 의도된 이름, 용어, 기호, 심벌, 디자인 또는 이것들의 조합이라고 할 수 있다(김명전, 2005).

김유경(2007)은 Girard(1999)를 비롯한 일련의 학자들이 '기업은 브랜드화할 수 있으나 국가는 불가하다.'라고 주장하면서 상업주의 관점의 브랜드 개념을 국가주의 관점에서의 국가에 적용하는 것에 대해 부정적인 견해를 갖고 있는 것에 대해, 다음과 같이 반론하며 중요성을 다시 한 번 더 강조했다. 즉 김유경(2007)은 국가브랜드는 일반적으로 브랜드라는 정의가 갖는 의미와 동일하게 제공자인 국가가 수용자인 소비자에게 의미를 부여하는 것과 같다는 측면에서 국가브랜드라는 개념의 도입을 주장하면서, '브랜드의 가장 본질적인 기능은 제품이라는 무생명체에 감정적, 정신적 가치를 주어 생명력을 부여하고 이를 통해 소비자와 교감할 수 있다는 사실에 근거하는 한편 국가라는 일방적, 권위적 실체에 정체성(identity)을 부여하고 국가 소비자(예: 해외기업, 해외소비자, 관광객 등)들에게 소유의 의미(ownership)를 만들어 낼 수 있도록 도와준다는 의미에서 그 타당성이 입증된다.'고 밝히면서 국가브랜드라는 개념을 도입할 것을 명확히 하였다(김유경, 2007).[10]

본 연구에서 '국가브랜드 이미지'란 '수출진흥, 투자유치, 관광촉진과 같은 국가적 마케팅 관점에서 재 활성화 하는 과정에 다양한 분야에 걸쳐 형성되는 인식과 태도의 총합'이라는 신호

---

10) Dinnie(2008)는 Nation Branding: Concepts, issues, practices라는 그의 책에서 국가브랜드의 정의를 내리면서 국가브랜드(Nation Brand)란 "한 국가에 의해서 제공되는 유일하면서 다차원적인 요소들의 결합이며, 이때 국가란 목표고객에게 차별적 요소와 관계적인 특성을 동시에 내포하는 것"이라고 하였다.
또한 영어로 National Brand와 Nation Brand가 혼동을 일으킨다는 것에 대해 다음과 같이 정의하였다. National Brand는 우리나라에서 전국브랜드라는 말로 통용되고 있듯이 지역 브랜드(Regional Brand) 혹은 판매자상표(Private Brand)와 반대되는 개념으로 다음과 같이 정의하였다. "National brand: a brand available nationally as distinct from a regional or test-market brand."한편, 국가브랜드(Nation Brand)는 "Nation brand: the unique, multi-dimensional blend of elements that provide the nation with culturally grounded differentiation and relevance for all of its target audiences."라고 정의하였다.

창(2001), 김유경(2007)의 주장을 반영한 공급자적 관점과, '특정 국가에 대해 수용자(혹은 소비자)가 해당 국가에 대해 갖는 심리적 구조체계로써, 본인의 다양한 인지기관 및 감각기관을 통해 수용하여 재해석한 것'이라는 수용자적 관점을 포함한 종합적 관리의 대상으로 보는 것이다.

2. 국가브랜드 이미지에 대한 연구 동향

국가이미지와 언론보도에 대한 연구는 1950년대부터 꾸준히 진행되었으며, 국가이미지와 관광산업 관련 연구도 제2차 세계대전 이후 경제발전의 일환으로 활발히 진행되었다. 관련 국내의 연구는 2003년까지 총 69편[11])이며, 해외 연구 논문은 1965년 이후 300편이 넘을 것으로 추정하고 있고 점점 활성화되고 있음을 알 수 있다(염성원, 2003; Anderson, Houman과 Chao, 2003).

특정 국가의 이미지와 해당 국가에서 제조한 제품에 대한 이미지 사이의 연관관계에 대한 연구는 Schooler(1965)가 소비자의 제품평가에 있어 원산지 효과가 있는가라는 의문을 제기한 이후부터 체계적인 연구가 지속되어 왔으며, 이러한 초기 연구들을 통해 소비자들은 제품 제조국의 이미지를 바탕으로 제품을

---

11) 해당 기간 석사(38편), 박사(3편), 연구논문(28편)이며, 총 69편이 발표되었다고 조사하였다. 이들 연구를 유형별로 분석하여 ① 국가이미지와 소비자의 제품(브랜드)에 대한 태도, ② 홍보, ③ 관광, ④ 언론보도, ⑤ 광고, ⑥ 스포츠 등 6개 항목으로 구분하였으며, 2001~2002년도에 총 19편의 논문이 발표되었는데 그 중 8편이 국가(원산지, 제조국)이미지와 소비자의 제품(브랜드)에 대한 태도와 관련된 논문이라고 밝혔다.

구별하고 있다는 제품의 원산지 효과(Country-Of-Origin)가 존재한다는 것을 밝혔다(이운영, 2007; 유재웅, 2008). 이러한 국가이미지에 대한 초기 연구들은, 국가브랜드 이미지가 소비자들의 제품품질 지각에 영향을 미치며, 소비자의 구매의사 결정에 영향을 준다는 것을 밝혔다(Bilkey와 Nes, 1982). 한편 제조국가의 이미지가 제품의 이미지에 영향을 주고 있다는 이들의 연구는 원산지 효과의 정도나 강도 등은 수용자들의 국적과 제품의 범주나 속성, 소비자의 인구통계학적 특성 등에 따라 달라진다고 하였다(Peterson과 Jolibert, 1995).

Al-Sulaiti 등(1998)은 국가이미지 관련 연구를 국가, 제품, 소비자, 브랜드 특성 등 4가지로 구분하였는데, 국가특성연구는 외국제품에 호의적/비호의적 태도에 관한 것이며, 제품특성연구는 제품의 친숙도 유형, 관여도 등이 원산지 효과에 미치는 영향이 다르다는 것이고, 소비자특성연구는 인구통계학적, 심리학적, 태도 변수 등에 따라 다르다는 것이며, 브랜드특성연구는 브랜드 원산국, 브랜드명, 브랜드 개성에 관한 것이다. 최근 들어서 문화, 전략, 브랜드 관련 분야 연구가 주로 진행되고 있으며, 연구 영역 또한 과거의 경제 관련 분야에서 관광, 투자, 거주지, 이민, 유학생 유치 등 다양하게 확대되고 진행되고 있다는 것이다(Kotler, Haider와 Rein, 1993; Kotler 등, 2002; 이춘수, 2006; 안종석, 2005; 김유경, 2007).

Lee와 Ganesh(1999)에 따르면 이러한 그간의 국가이미지에 대한 연구는 다음과 같은 두 가지의 상이한 입장이 병존하고 있다.

첫 번째는 국가이미지를 특정 국가에서 생산된 제품의 품질에 대한 일반적인 지각으로 이해하는 것이다. 많은 국제 마케팅 분야 연구에서는 이러한 정의를 채택하여 연구했다(Reierson, 1966; Bilkey 등, 1982; Han, 1989; Hong과 Wyer Jr., 1989). 이러한 정의는 제품의 지각된 품질이라는 단일 차원을 강조한 것으로, 국가이미지를 형성하는데 영향을 미치는 다양한 요소들 중 특히 제품 요소를 강조한 것이라고 볼 수 있다. 이에 따라 Papadopoulos(1993)는 국가이미지란 제품의 국가이미지(product-country image)에 대한 정의라고 보는 것이 타당할 것이라고 주장했다. 국가이미지에 대한 이 같은 정의를 받아들일 경우, 국가이미지는 기존의 원산국(COO, Country-Of-Origin) 혹은 제조국(made-in country) 효과와 동일한 개념으로 사용할 수 있다는 것이다. 한편 국가이미지가 후광효과(halo effect)인지 아니면 요약 개념(summary construct)인지에 대한 연구도 다양하게 진행되고 있으며, 국가와 제품수준에 따라서 국가이미지가 다르게 작용할 수 있다는 것을 밝히고 있다(Han, 1989).

두 번째 정의는 국가이미지를 제품 수준에서 정의한 첫 번째 정의를 포괄하여 다른 국가의 문화 정치적 위상, 지리적 거리, 심리적 거리, 전통, 공업화 정도 등의 요소를 추가하여 파악하는 다차원적인 접근방법이다. 즉, 국가이미지는 제품에 의해서 뿐만 아니라, 해당 국가의 경제적 정치적 위상, 역사적 사건, 해당 국과의 관계, 전통, 공업화 정도, 기술적 선진성 등과 같은 여러 변수들에 의해서 형성될 수 있다는 것이다. 이러한 접근에 의하면 국가이미지의 개념을 '전반적인 제품이미지와 함께 국가 그 자체의 이미지가 포함되어 있는 것'으로 보고 있다(Nagashima, 1970; Bannister와 Saunders, 1978; Parameswaran과 Pisharodi, 2002; 정성훈 등, 2005).

또한 안종석(2005)은 다차원적 속성에 의한 국가이미지가의 작용을 연구하여 기존의 연구 즉, Han(1989)의 후광효과(halo effect) 모델과 요약개념(Summary Construct)의 모델 등의 기존의 동태적인 접근을 발전시켜, 국가이미지가 다차원적으로 이루어 진다는 연구결과를 제시하였다.

최근 제품의 원산지에 효과(Country of Origin)에 미치는 영향 력에 대한 연구결과, 원산지효과는 단일차원이 아닌, 다차원적 인 구조로서 설명될 수 있다고 보고 있다(Chao, 1993; Nebenzahl 과 Jaffe, 1996; 신호창, 2001; 김유경, 2007, 김유경 등, 2008). Aaker(1995)는 브랜드의 이미지가 단일차원이 아닌 지각품질 (perceived value), 개성(personality), 조직(organization) 등 3개의 다차 원으로 구성되어 있다고 주장하였다. 지각품질(perceived value)은 제품의 기능적 측면의 이익에 염두를 두었으며, 개성(personality) 은 감성적 측면의 이익에 기초한다고 한다(Matinez 등, 2003).

Nebenzahl과 Jaffe(1986)는 브랜드의 가치가 제조국가 원산지와 서로 상호작용하면서 제조국가 원산지가 달라짐에 따라 어느 정도 영향을 받고 있음을 밝혔고, Han 등(1992)의 연구에서는 강 력한 선호를 보이는 브랜드조차도 부정적인 원산지 효과를 완 전히 제거할 수 없음을 보여주었다. 원산지는 브랜드명보다는 제품 품질의 소비자 평가에 더 큰 영향을 미친다는 주장이다. 이는 소비자들이 해당 제품에 대해서 사용경험에서 판단하는 품질지표가 없을 때 판단의 근거가 되기 때문이다.

Han(1989)은 미국과 일본에서 제조된 자동차의 브랜드 이미지가 생산이 한국으로 바뀌었을 때 브랜드 이미지가 감소된다고 밝혔고, 브라질과 한국에서 만들어진 메르세데스 벤츠 버스는 본부국가에서의 생산과 비교했을 때 브랜드 이미지가 더 나빠진다고 했다. Nebenzahl 등(1986)의 소니(Sony)와 GE라는 강한 글로벌 브랜드가 개발도상국에서 생산할 경우에 해당 기업의 브랜드 가치는 해당 국가보다는 작거나 같다는 것을 확인했다. 기업 브랜드 이미지가 취약할 경우도 이러한 영향을 똑같이 받고 있다고 볼 수 있다. 약한 브랜드 이미지의 제품이 이미지가 좋은 국가에서 제조되었을 때 브랜드의 가치가 좋게 나타나게 되며, 약한 브랜드 이미지의 제품이 약한 이미지 국가에서 제조되었을 때 브랜드 가치가 약하게 나타나게 된다는 것이다. 이러한 연구들은 저개발 국가의 브랜드 영향력이 글로벌 회사들의 브랜드 영향력보다 클 수 있다는 증거를 제공한다는 것이다.

국내외 연구에서 국가를 브랜드라는 전략적 측면에서 연구한 것은 비교적 최근의 일이다(정성훈, 2005; 김유경, 2007). 환경, 사회, 경제 등과 같은 속성(attributes), 경험 관련 혜택(benefits), 해당 국가의 개성(personality) 등과 같은 국가브랜드 이미지의 구성요소들은 과거의 국가라는 통치적 위상에서 타 국가들과 경쟁을 조건으로 차별화하고 강화하는 관리적 개념의 전략적 측면으로 이해한다(김유경, 2007).

1) 지각품질(perceived quality)에 관한 연구

국가브랜드 이미지에 대한 초기의 연구는 주로 단순히 원산지라는 단일 단서만을 소비자에게 제시하여 제품을 평가하게 하였는데, 소비자의 제품태도에 관련된 국가이미지는 소비자의 제품구매의사 또는 태도에 영향을 미치는 중요한 변수로 작용하는 것으로 나타나고 있다. 초기의 연구는 주로 고정관념(stereotype)에 따른 지각품질(perceived quality)에 관한 연구를 수행하였다(Anderson 등, 1972; Bannister 등, 1978; Lillis와 Narayama, 1974; Nagashima, 1970, 1977).

제품의 품질에 대한 연구 범위는 지각(perception), 태도(attitude), 구매의도(purchase intention)에 관한 연구들을 모두 포함하는데, 예를 들면 Schooler(1965)가 과테말라 학생들을 대상으로 실시한 "made in"이 내포하는 지각품질에 관련된 실험조사(experimental design)와, Relerson(1966)이 미국 소비자의 외국제품에 대한 태도 등에 대한 연구이다. Schooler(1965)의 고정관념 측면의 편견에 대한 연구는 과테말라와 멕시코산 제품이 코스타리카와 엘살바도르 제품보다 더 가치 높게 인지됨을 밝히면서, 특정 원산지에 대한 반응 차이가 인구사회 통계변수에 따라 다르며, 일반적으로 소비자의 나이가 어릴수록, 교육수준이 높을수록 외국제품에 대해 더 긍정적인 태도를 보이고 있음을 주장하고 있다.

Reierson(1966)은 원산지 효과에 있어 고정관념은 흔히 발생하는 문제라고 주장하였는데, "made in USA" 제품의 경우 고품질의 제품으로 인식되는 경향이 있다는 근거를 바탕으로 국가에 대한 고정관념이 특정제품에 대한 평가에 많이 반영된다고 하였다. Anderson 등(1972)은 외국 제품에 대해 인구-사회 통계특성과 심리 특성에 따라 유의한 차이가 있음을 밝혔는데, 소비자의 사회적 지위, 보수주의 성향, 독단주의 성향이 낮을수록 외국제품을 선호하고, 또한 교육수준이 높을수록 외국제품을 선호하는 것으로 나타났다. Lillis 등(1974)은 어의차이척도(semantic differentiation)를 이용하여 미국과 일본 소비자들을 대상으로 영국, 프랑스, 독일, 일본, 미국의 5개 국가의 "made in" 지각품질 이미지에 대해서 연구하였다.

Nagashima(1977)가 일본 비즈니스맨을 대상으로 미국, 일본, 독일, 프랑스, 영국의 5개국 원산지에 대한 제품의 평가에 대한 연구를 하였는데 1969~1975년 동안의 변화에 대해서 관찰하였다. Bannister 등(1978)은 선진국에 대한 영국 소비자들의 태도에 대하여 연구하였으며, 영국 소비자들은 3가지 그룹으로 선진국의 이미지를 형성하였다. 이들 70년대 연구는 주로 여러 국가 간 공시적 비교를 실시하였는데, Nagashima(1970, 1977)는 원산지효과에 대한 이미지, 고정관념은 변화할 수 있다고 하였다.

Erickson과 Johansson, Chao(1984)는 원산지가 자동차 제품평가에 미치는 영향에 대해서 연구를 수행하였는데, 국가에 대한 소비자 반응이 소비자의 사회심리학적 특성인 독단주의 성향과 애국심에 따라 차이가 있다는 것이다.

2) 국가브랜드 이미지에 대한 다차원적 연구

원산지효과와 관련한 지각품질에 대한 연구 이후 국가이미지의 구성 요소를 제품속성, 가격 등 다차원적 측면에서 고려한 연구가 진행되었는데, 그 이유는 제품의 원산지 정보 제품의 구매결정에 있어서도 결정적인 역할을 함에도 불구하고 원산지라는 단일차원 정보에 의존하였기 때문에 제품 및 브랜드에 대한 이전 경험이나 친숙도가 원산지 효과에 줄 수 있는 영향력을 간과했다는 한계를 갖고 있다는 것이다(Bilkey 등, 1982).

Johansson, Douglas와 Nonaca(1985)는 위에서 언급된 한계점을 보완하기 위하여 다단서(multi-cue)접근법을 채택하여 다차원적으로 설명하고자 하였는데, 응답자의 특성 및 국적, 제품군과의 친숙도 등이 원산지 효과에 영향을 미칠 수 있음을 밝혔다. 이 연구는 계량경제학적 모형인 다속성 모형에 기초한 새로운 접근법을 제시한 것이다. 소비자의 구매행위는 '신념→태도→구매의도'의 단계를 거치는 것으로 간주되었는데, 이러한 소비자의 제품속성신념과 태도형성과의 관계를 설명하기 위해 개발된 대표적인 모델이 바로 다속성 태도 모델이다(Johansson 등, 1985; Papadopoulos와 Heslop, 1993; 1988; Han 등, 1988; Han, 1989; Hong 등, 1989, 1990; Roth 등, 1992; Ahmed와 D'astous, 1995; 안종석, 2005; 정성훈, 2005).

원산지효과와 국가이미지에 대한 연구방법론에 관한 연구로는 McMurray(2003)와 Nevenzahl 등(2003) 그리고 Olsen(2002)의 연구를 들 수 있는데, 기존 연구들의 척도 개발과 타당성에 관한 문제를 제시했다는데 의의가 있다. 소비자의 제품평가에 대한 결정요인에 대하여 독립변수로 동기, 정보의 유형과 종속변수로 인지반응, 평가, 신념, 정보 관련성을 설정한 Gurhan-canli와 Maheshwaran(2000)의 연구가 있다.

이와 관련된 주요 연구로는 원산지 효과에 대한 제품 평가와 구매의도를 연결한 연구(Han, 2002), 하이브리드 제품(hybrid product) 평가에서의 부품 조립국, 부품 제조국, 디자인 국가의 조절 효과 연구(Chao, 2001), 원산지효과에서의 문화적 요인에 따른 변화연구(Gurhan-canli 등, 2000) 등이 있다.

또한 주목할 만한 연구로 기존의 국가이미지와 원산지에 대한 실증분석을 위한 척도를 구현하기 위한 종합적 연구를 수행한 Israel 등(2003)의 연구가 있다. 최근 해외연구의 주된 동향은 과거의 인구 통계적 변수를 중심으로 한 연구는 줄어들고 있는 반면 문화, 전략, 브랜드 등을 중심으로 한 소비자 대상의 연구가 꾸준히 진행되고 있는 것이다(정성훈 등, 2005).

3) 국내의 국가브랜드 이미지에 대한 연구

염성원(2003)은 1976년부터 2002년까지 국가이미지와 관련된 국내 연구 논문 69편을 분석했는데, 국내의 국가브랜드 이미지에 대한 연구는 1990년대에 들어서면서 본격적으로 이루어지기 시작했고 1990년대 초반에는 해외언론에 나타난 국가이미지, 소비자의 제품 태도 또는 제품 선택 과정에 국가이미지가 미치는 영향 등을 중심으로 이루어졌으며, 1990년대 중반 이후에는 홍보, 관광, 광고, 스포츠 등으로 다양하게 확대되었다는 것이다. 또한 국가이미지와 소비자의 제품에 대한 태도에 관한 연구논문의 대부분이 국가이미지가 소비자의 제품 이미지, 제품에 대한 태도, 제품에 대한 구매의사 결정, 광고 이미지 등에 영향을 미친다는 점에서 일치된 결과를 보여주고 있지만, 그 이상의 진전된 연구가 진행되지 못하고 있다고 주장했다(염성원, 2003).

국가이미지와 언론 보도에 관한 연구는 우리의 경우 미국과 일본 중심의 연구이거나 우리 언론에 나타난 외국의 이미지를 분석하는 데 치중하는 경향을 보였다(강현두 등, 1998). 국가이미지와 관광산업에 관련된 연구는 1980년대 후반부터 등장하여 주로 관광객의 관광 목적지 선택에 영향을 미치는 요인에 관한 연구, 해외 관광객들의 한국에 대한 이미지 분석, 홍콩·싱가포르·미국 등 해외 관광지의 홍보 사례 등에 관한 연구에 집중되는 경향을 보였다(온정희, 1996).

〈표 8〉 국가이미지 관련 연구 논문 주제별 현황

(단위: 편, %)

구 분		편수(%)
항목	세부 연구 내용	
국가이미지와 경제	국가(원산지, 제조국)이미지와 소비자의 제품(브랜드)태도	17(24.6)
국가이미지와 홍보	국가이미지 개념, 형성 과정, 제고 방안 연구	12(17.4)
	한국의 문화 학술 교류 현황	4(5.8)
	한, 중, 일 이미지 비교 분석	1(1.4)
국가이미지와 관광	관광지로서 한국 이미지와 관광객 태도 분석	10(14.5)
	한국 관광 홍보 기관 현황 및 사업 분석	6(8.7)

	한국 이미지 관련 보도 분석	8(11.5)
	북한 이미지 관련 보도 분석	3(4.3)
국가이미지와 언론 보도	한국 언론의 한일 관계 보도 분석	2(2.9)
	한국 언론의 중국 관계 보도 분석	1(1.4)
	한국 언론의 라틴아메리카 이미지	1(1.4)
	중국 신문에 나타난 남북한 이미지	1(1.4)
국가이미지와 광고	광고에 나타난 국가이미지 분석	2(2.9)
국가이미지와 스포츠	스포츠와 국가이미지 분석	1(1.4)
계		69(100)

출처: 염성원(2003), 한국의 국가이미지 연구동향에 관한 연구

국내에서의 국가이미지 관련 연구 경향을 좀 더 자세히 살펴
보면 다음과 같다. 염성원(2003)이 분석한 69편의 논문을 연구
주제별로 분석해 보면, <표 8>에서 보듯이 국가이미지와 경제
분야는 '국가(원산지/제조국)이미지와 소비자의 제품(브랜드)에
대한 태도'를 분석한 논문이 17편(24.6%)으로 가장 많았다. 국가
이미지와 홍보 분야는 '국가이미지의 개념, 형성 과정, 제고 방
안 연구'에 관한 논문이 12편(17.4%)으로 나타났다. 국가이미지
와 관광 분야는 '관광지로서 한국의 이미지와 관광객의 태도 분
석' 논문이 10편(14.5%) 이었다. 국가이미지와 언론 보도 분야는
'한국 이미지 관련 보도 분석'이 8편(11.5%)으로 나타났다.

국가이미지에 관한 국내의 연구는 짧은 기간에 비해 비교적 다
양한 분야에서 이루어져 왔으나 다음과 같은 한계를 동시에 갖고
있다. 먼저, 국가이미지와 소비자의 제품 태도에 관한 연구는 대
개 비슷한 형식과 내용의 연구들이 반복되는 경향을 보이고 있다.
대부분이 국가이미지와 제품 이미지, 제품에 대한 태도와 구매의

사 결정에 미치는 영향에 관한 연구들이다. 한국의 이미지 현황에 관한 연구는 외국인이 바라보는 한국에 대한 이미지를 인구통계학적 특성, 인지도, 접촉도, 호감도, 정보 획득경로 등의 변인별로 살펴보는 차원에 머무르고 있다는 것이다(염성원, 2003).

최근에는 정형식(2006)과 이운영(2006)이 중국을 대상으로 한류의 지각이 한국상품 구매 및 국가이미지에 미치는 영향에 관한 연구를 수행했으며, 이춘수(2006)의 한국 국가이미지에 미치는 기업이미지와 기업신뢰의 영향에 대한 연구, 주현식(2007)의 로하스 한류가 국가 및 관광이미지, 국가에 대한 태도, 방문의도에 미치는 영향, 채지영·윤유경(2006)의 일본인의 한국대중문화에 관한 연구, 이제영·최영근(2007)의 국가이미지와 브랜드에 관한 유형화 연구 등 상품의 수출 등과 관련된 원산지효과 연구와 관광, 문화 등에 대한 다양한 연구가 있었다. 특히 한류가 국가브랜드 이미지에 미치는 연구들이 다양하게 진행되고 있다.

또한 한류유형(type)별 연구도 진행되었는데, 이인구·김종배·오재환(2006)은 음식한류에 대해서 중국과 일본을 비교하였으며, 김재은 등(2004)은 패션한류에 대해서 중국 신세대에 미친 영향에 대한 연구를 실시하였다. 배일현 등(2008)은 엔터테인먼트한류에 대해 한국 제품의 이미지와 구매의도에 미치는 영향을 일본을 대상으로 고찰하였다. 즉 음식, 패션, 엔터테인먼트 등 한류의 다양한 유형(type)에 대한 연구가 심도 깊이 수행되었으며, 각 연구는 한류가 국가브랜드 이미지 혹은 제품구매의도에 긍정적으로 작용하였다는 것을 밝혔다.

4) 국가브랜드 이미지 형성요소 및 구성요소에 대한 정의

국가브랜드 이미지는 국가의 경제규모, 정치, 문화, 교육, 소득 수준, 국가 면적의 크기, 인구 수, 인종, 지정학적 특징 등 장기적이고 고정적인 특성뿐만 아니라 국제적 사건 등 돌발적이고 일회성적인 사건 등에 의해서도 영향을 받는다고 할 수 있다.

<표 9>와 같이 국가브랜드 이미지를 형성하는 요소의 종류와 수는 다양하지만 개인은 국가브랜드 이미지를 구성하는 여러 요소 중에서 가장 특징적이고 핵심적인 일부 요소들에 의해 영향을 받는 경향이 강하다(이규완, 2001).

특히 김유경(2007)은 국가브랜드 이미지의 핵심이라고 할 수 있는 국가브랜드 개성의 차원을 규명하고 국가브랜드 개성의

〈표 9〉 국가브랜드 이미지 형성 요소 및 구성 요소

연구자	국가브랜드 이미지 형성 요소
Nagashima(1970)	제품, 국가 특성, 경제 환경, 정치 환경, 역사, 전통
Roth 등(1992)	혁신적, 디자인, 명성, 기술
Martin 등(1993)	경제성장, 민주화 수준, 대량생산 능력, 시민 정부, 산업화정도, 노동비용, 문맹률, 시장 자유화 수준, 복지 수준, 경제 안정성, 농산물의 자급도, 제품의 질, 삶의 수준, 기술적 연구 수준
김용상(1999a, b)	정치적 안정, 민주화 정도, 경제성장, 물가, 범죄 상황, 공공질서, 역사와 전통, 문화와 예술, 교육 수준, 친절과 예의, 자연경관과 기후, 국가 호감도
김유경(2007)[12]	선도성(혁신적인, 진취적인, 역동적인, 미래지향적인, 리더십 있는, 창의적인), 활발함(유머러스한, 정열적인, 활기찬, 따뜻한, 사교적인), 세련성(고급스러운, 세련된, 품위 있는), 전통성(보수적인, 전통적인, 권위적인), 평온함(순수한, 평화로운)

출처: 유재웅(2008)과 김유경(2007) 연구에서 발췌 및 종합

---

12) 김유경(2007)은 국가브랜드의 이미지를 브랜드 개성(brand personality) 측면에서 연구하였다.

인식에 영향을 미치는 다양한 요인을 살펴보았는데, 세계시장을 대륙별로 나누어 7개국으로부터 1,200여 명의 표본을 추출하여 9개국에 대한 브랜드 개성의 인식 유형을 도출하였다. 이들 국가브랜드 개성은 선도성, 활발함, 세련됨, 전통성, 평온함으로 구분하였다. 이들은 다시 목적지에 대한 지각된 특성별로 나누고, 국가브랜드의 기반 구성요소를 토대로 분석하였다. 이 연구는 국가를 마케팅 및 브랜드 관리의 대상으로 할 경우 시장세분화를 위한 도구로 개성을 활용할 수 있는 방법론을 제시했을 뿐만 아니라 향후 자국에 필요한 차별화된 개성을 주요 이미지 차원으로 개발함에 있어 다양한 사고와 접근법을 제공하였다.

이와 같이 국가브랜드 이미지를 구성하는 요인의 종류와 수는 매우 다양하지만 대부분의 소비자는 대상 국가에 대한 소수의 정보나 경험만을 가지고 전체적인 이미지를 형성하게 되고 그것을 기준으로 판단을 내리게 되며 이렇게 형성된 이미지는 가변적인 특성을 보인다는 것이다. 따라서 쉽게 변화하지 않는 총체적이고 종합적인 좋은 이미지를 만들기 위해서는 많은 노력과 시간이 필요할 것으로 보인다.

3. 국가브랜드 이미지가 기업 및 제품 인식에 미치는 영향

원산지(County-Of-Origin)로서의 국가 이미지는 소비자가 제품을 평가하고 구매를 결정하는 데 영향을 주는데, 소비자들이 특정 국가에서 제공하는 제품에 대해 형성한 전반적인 지각을 원산지 이미지라 한다(Narayana, 1981). Lantz와 Loeb(1996)은 소비자가 제품에 대한 객관적인 평가를 할 수 없을 때, '원산지 이미지'가 제품에 대한 평가를 대신한다고 하였다.

Roth 등(1992)은 국가의 이미지에 더 적합한 제품군이 있다는 것을 밝혔는데, 국가의 이미지와 해당 제품군의 이미지가 상호 연계될 때 해당 제품에 대한 선호가 더 높아진다는 것을 밝혔다. 구매의도란 브랜드 태도에 영향을 받는 핵심개념으로 제품이나 서비스를 구입하려는 소비자의 의향이다(이창현, 1997).

김세원(2008)은 과거 연구들이 제 조국 이미지라는 단일 속성을 가지고 원산지효과를 분석했던 것과는 달리, 다차원 국가이미지 속성을 이용하여 브랜드 원산국(Country Of Brand)을 대상으로 원산지 효과를 분석하였다. 그리고 기존 연구들이 국가이미지에만 초점을 맞춘 것과는 달리 경로 분석을 통해 국가이미지, 브랜드 이미지, 브랜드 기능, 브랜드 평가 간의 인과관계를 분석하고 있다. 그 결과 소비자들의 브랜드 평가에 직접적이면서 정(+)적인 영향을 미치는 브랜드 이미지와 브랜드 기능이라는 두 가지 매개 변수를 발견하였다. 이 두 매개 변수가 국가이미지에 영향을 받음에 따라, 국가이미지와 브랜드 평가 간에는 간접적이지만 정(+)적인 인과관계가 성립되는 것으로 확인됐다. 또한 국가이미지를 이루는 다차원 속성들 가운데 문화자산 이미지가 패션명품 브랜드 보유국들의 국가이미지 형성에 가장 큰 비중을 차지하는 것으로 나타났다. 이는 일반 공산품의 품질과 관련된 이미지에 초점을 맞췄던 기존의 원산지효과에 관한 연구와는 다른 결과이다. 브랜드 기능에서 가장 큰 영향을 미치는 속성은 개인적－사회적－이상적 일체감 부여 기능이며 다음으로 지위부여 기능, 보증 기능, 인지 기능의 순이었다. 브랜드 이미지 분석에서는 상징적인 브랜드 이미지가 기능적인 브랜드 이미지보다 소비자의 브랜드 평가에 더 큰 영향을 미쳤다. 소비자들은 패션 명품의 경우 물리적인 속성보다는 상징성에 더 주목한다는 것이다.

안종석(2005)은 중국 내수시장에서 국가이미지가 소비자들의 제품품질 지각 및 구매의사결정에 어떠한 영향을 미치는지 살펴보았다. 연구 결과 브랜드 국과 제조국을 달리하는 7개의 스포츠웨어 제품형태별로 중국 소비자들의 제품품질 지각에 차이가 있으며, 브랜드와 제조국이 중국 소비자들의 제품품질 지각에 영향을 미치는 것으로 나타났다. 중국 소비자들의 구매의사결정 모형을 추정해 본 결과, 주로 상징적 이미지에 의해 영향을 받는 주관적 규범은 7개의 제품형태 모두에서 구매의도에 영향을 미치고 있는 반면, 기능적 이미지와 상징적 이미지 모두에 의해 영향을 받는 브랜드 선호도는 브랜드 국가와 제조국이 동일한 4개의 제품형태에서만 구매의도에 영향을 미치는 것으로 나타났다. 또한 제품의 기능적, 상징적 이미지가 브랜드 선호도 및 주관적 규범에 미치는 영향은 단일 국적 제품인가 아니면 이중국적 제품인가의 여부에 따라 상이하게 나타났다.

황인석·원유진·김화경(2007)은 한국과 중국의 구매 관련 행태를 비교 관찰하였는데, 구매시점과 구매 후 시점으로 양분하여 구매시점 관점에서는 합리적 구매성향을, 구매 후 시점 관점에서는 만족, 브랜드충성도, 구전커뮤니케이션, 불평행동을 대학생을 대상으로 관찰하였다. 합리적 구매성향, 구매 후 만족, 브랜드충성도 성향은 중국소비자에게서 높게 나타났다. 반면 구전커뮤니케이션 활동 정도는 예상과 달리 한국소비자에게서 높은 것으로 나타났으며, 적극적 불평행동 역시 예상과 달리 중국소비자에게서 높은 것으로 나타나 이를 감안한 마케팅 전략이 필요함을 강조하였다.

도성수(2005)는 원산지 효과가 소비자의 수용가격에는 어떠한 영향을 미치는지를 분석했다. 그 결과, 원산지가 일치할 경우 제조원산지 국가의 이미지를 강조하는 광고 및 마케팅 전략을 수행하는 것이 경쟁 제품보다 비교우위를 점할 수 있으며, 원산지가 일치하지 않을 경우 제조원산지를 상대적으로 축소하는 광고 및 마케팅 전략이 효율적임을 밝혔다. 선도 브랜드일 경우 원산지 일치와 원산지 불일치 간 가격차가 크기 때문에 원산지 일치를 강조해야 하지만 추종브랜드는 상대적으로 원산지 일치와 불일치 간 가격 차이가 크지 않다는 점에 주목할 필요가 있다는 것이다.

허건(2007)은 중국소비자와 한국자동차의 브랜드 이미지 형상을 구성하는 요인에 대한 연구를 실시하였다. 그 결과, 한국기업은 지속적으로 중국에서의 자동차시장을 확대하는 동시에 제품의 차별화전략을 실행하여 전국적인 서비스 네트워크를 구축하고 A/S서비스와 광고 전략을 강화해야 한다고 주장했다.

Shimp와 Sharma(1987), Lantz(1996) 등은 소비자들이 외국상품을 구매할 때 나타날 수 있는 민족중심주의에 대해 연구하였으며, Jill과 Ettenson, Morris(1998)는 중국의 남경 거주민을 대상으로 일본과 한국 등의 제품에 대한 국가이미지를 측정한 결과 특정 국가에 대한 역사적 사건이 해당 국가를 싫어하거나 혹은 해당 국가의 제품 구매에 부정적인 영향을 미친다는 국가혐오증(country animosity)에 대해 연구하였다.

천명환(2006)은 경쟁적 브랜드 선택에 영향을 미치는 심리적 거리 및 국가이미지에 대한 연구로 한 국가의 문화와 해당 국가 소비자가 가지고 있는 가치관과 태도에 대해서 파악하였다. 문화적 친근성은 심리적 거리에는 부(-)적인 영향, 국가이미지에는 정(+)적인 영향을 미치는 것으로 밝혔다. 국가이미지는 경쟁적 브랜드 선택에 부(-)적인 영향을 미치나 심리적 거리는 경쟁적 브랜드 선택에 영향을 미치지 않는 것으로 밝혔다.

이명환(2007)은 특정 지역에서 생산된 제품 전체에 미치는 적대감이나 자민족주의 영향을 벗어나 다국적 브랜드에 미치는 적대감 및 자민족주의의 영향을 관찰했다. 연구 결과, 적대감 및 자민족주의가 발생되는 경로는 매우 다양했으며 이들 요소는 다양한 마케팅 요인들과 상호작용하며 다국적 브랜드의 제조 원산지, 소비자의 감정 상태 등 기존의 적대감 이론에 영향을 줄 수 있는 새로운 변수가 도출되었다. 즉 특정 국가 혹은 지역과 관련된 적대감 및 자민족주의는 이러한 변수들이 상호작용하거나 조절변수로 작용함으로써 제품평가 및 구매행동에 영향을 미치게 된다고 볼 수 있다.

이상의 연구를 종합해 볼 때, 국가브랜드 이미지를 형성하는데 미치는 한류제품의 유형에 따른 영향을 밝히고, 국가브랜드 이미지가 한국 기업 및 제품의 인식 형성에 미치는 영향을 계량적으로 파악할 필요가 있다.

제3절 한류가 국가브랜드 이미지 형성에 미치는 영향

1. 한류의 개념 및 특징

국가브랜드란 다양한 구성요소들이 결합된 형태로 작용하기 때문에 한두 가지 사건이나 요소에 의해서 좌우되지 않으므로 국가브랜드 이미지를 단기간에 상승시키기 어렵다는 일반적인 견해와는 달리, 한류는 비교적 단기간에 국가의 브랜드 이미지를 긍정적으로 강화하였다는 측면에 주목할 필요가 있다(권연수, 2005).

한류(韓流)라는 말의 생성 기원은 90년대 후반에 중국의 언론에서 처음 만들어 사용한 것으로 추정되는데, 한국을 의미하는 '韓'이라는 글자를 활용하여 매섭게 파고들어오는 바람이라는 의미인 '寒流'와 음이 동일하게 '韓流'라고 표기한 것으로 중국에서 한국의 대중문화인 대중가요, TV드라마, 영화, 스타, 음식, 패션 등이 큰 인기를 끌고 있는 현상을 함축적으로 지칭한 말이다. 한편 김정수(2002)는 중국에서는 1980년대 일본의 대중문화가 중국에서 수용될 때 '일류(日流)'라는 용어를 만들어 다룬 바가 있다고 밝혔는데, 중국에서 타국의 문화를 수용할 때 특정 국가의 문화가 광범위하게 유행할 때 해당 단어를 새로 만들어 사용했음을 알 수 있다. 현재 한류는 일본, 중국뿐 아니라 동남아시아와 중앙아시아, 러시아 및 남미 등지에서도 하나의 무시할 수 없는 문화현상으로 자리 잡고 있으며 이와 관련한 학계나 연구소의 연구 자료도 다수 출간된 바 있다(허 진, 2002; 국제문화산업교류재단, 2005; 권연수, 2005; 손산산, 2007).

그간 한류라는 문화현상의 연구범위를 살펴보면 강형구·문효진·윤정원(2007)은 한국의 국가이미지 및 문화제품 이미지에 대한 연구에서 문화제품의 범위를 드라마, 영화, 음악, 연예인, 관광으로 한정하였으며, 이준웅(2006)은 드라마, 음반, 영화로 한정하여 연구하였다. 정형식(2006)은 한류(드라마, 영화, 음반, 가요)를 대중문화로, 드라마관광, DVD, 캐릭터제품 등을 한류파생제품으로, 가전제품, 생활용품을 일반제품으로 구분하면서 한류와 한류파생제품으로 구분하였다. 서용건·김희수(2002), 서용건·서용구(2004)는 한국의 음악, 드라마, 패션, 게임, 음식, 헤어스타일 등을 한류로 지칭하면서 이를 문화현상이라고 정의하였다. 한편 차동영(2004)은 드라마, 가요, 영화 등의 대중문화뿐만 아니라 김치, 고추장, 라면, 가전제품 등 한국관련 제품을 모두 한류라고 분류하였다.

여기서 한류(韓流)란 주로 한국의 드라마에 의해서 촉발된 한국의 다양한 문화에 대한 접촉을 바탕으로 중국, 일본을 비롯하여 동남아시아, 중앙아시아 지역에 미치는 영향력 있는 문화현상을 일컫는 용어이자, 주로 드라마, 영화, 패션, 음식, 가요, 스타 등의 한국 문화제품의 소비를 통해서 발행하는 현상을 지칭한다(강병남, 2006; 김재은·박길순, 2004; 정상철·안성배·임초정, 2002; 최영묵, 2006; 김유경 등, 2008).

문화제품인 우리나라의 한류가 중국 등 동남아시아, 일본, 중동, 중앙아시아 등으로 확산되고 있으며, 대중문화현상이 국가브랜드 이미지의 제고 및 수출제품 이미지 제고에도 큰 영향을 미치고 있다는 많은 연구들이 있지만 한류에 대한 중립적, 체계적 그리고 심층적인 문화 공급 및 소비 주체를 대상으로 한 분석이 부족하며, 그 결과 한국에서는 이 기회를 국가 이익으로 극대화시키는 구체적인 프로그램이 여러 가지 면에서 부족한 실정이다(손산산, 2007).

김재은 등(2004)은 패션 한류가 중국 신세대 패션에 미친 영향 분석에서 한국 패션 제품에 대한 선호도가 전반적으로 상승하여 한국 제품의 판매 증가와 한국 제품을 모방한 중국산 제품들의 유통도 확대되었고, 중국 신세대들은 한국 연예인들의 패션 스타일이 자신들의 패션에 미친 영향이 큰 것으로 인식하는 것으로 분석하고 있다. 패션 한류가 중국인들에게 한국에 대한 인식과 호감을 높이는 역할을 하였으므로, 향후 지속적인 이미지 상승과 원산지 효과를 유지하기 위해서는 품질향상과 디자인 개발이 필요하다고 지적하고 있다.

강병남(2006)은 음식 한류에 대해서 연구하였는데, 한국음식의 글로벌화 전략은 한국 전통음식 그대로의 모습으로 외국인들에게 다가가는 방법이 가장 좋다는 것이다. 그는 이국적인 음식을 맛보는 기회를 제공하고, 건강식으로 홍보, 소개하는 방법 등으로 시장을 확대하는 전략을 제시하고 있는데, 이는 한국음식의 글로벌화 전략을 제시하면서 브랜드 이미지 확대와 함께 국제적인 마케팅 확대 전략을 제시한 것이다.

유정(2005)은 드라마 한류가 국가브랜드 이미지에 영향을 미칠 뿐만 아니라 기업이미지에도 영향을 미치는 것을 밝혔다. 한국 TV드라마의 외적인 화려함과 같은 표현성과 내적인 동양적 정서성이 기업이미지에 영향을 미치는 요인이라고 주장하였다. 표현성과 정서성 이 두 가지 요소가 한국의 국가이미지, 한국의 기업이미지에 직접 영향을 미칠 뿐만 아니라 한국 제품의 구매 의도에도 직접적, 간접적인 영향을 미치고 있다고 밝혔다.

한편 홍성태·강동균·大屋齊彦(2007)은 일본인을 대상으로 한 연구에서 한류현상에 의해 한국 제품에 대한 평가가 높아졌다고 밝혔으나, 이운영(2007)은 일본과 중국의 비교 분석을 통해 한류가 국가별로 작용하는 강도와 특성에 차이가 있다고 주장하면서, 일본에서는 상대적으로 그 영향력이 낮았다고 밝혔다. 즉 중국에 비해 일본에서 한류의 영향이 조금 더 약했는데, 중국은 자부심, 자아실현의 욕구 등 다양한 정서적 요인에 영향을 미쳐 광범위한 영향을 끼쳤으나, 일본의 경우에는 단지 제품의 평가에만 영향을 미쳤다고 주장했다.

이들 한류에 대한 연구의 결과는 대부분 한국에 대한 이미지가 긍정적으로 변화했다는 국가브랜드 이미지 개선 측면과 한국 제품에 대한 이미지가 변화했다는 한국 제품에 대한 측면 등으로 구분될 수 있다. 하지만 패션, 음식, 드라마 등 다양한 한류가 어떠한 유기적 관계에서 국가브랜드 이미지에 긍정적으로 영향을 끼쳤는지, 또한 한국 제품 이미지에 어떠한 영향을 미쳤는지 일체성 있게 파악되지 못한 점이 있다.

2. 한류경험의 유형(type): 유형적 정보(tangible information)와 무형적 정보(intangible Information)의 정의와 특성

인간의 커뮤니케이션 행위는 인간이 지니는 생리적 · 문화적 · 환경적 · 인지적 특성의 한계 안에서만 규정되고 논의될 수 있으며, 이러한 구조적 한계영역을 초월하는 커뮤니케이션 행위란 존재하지 않는다. 정보처리(information processing) 과정의 한계와 특성을 필터링(filtering)의 개념으로 설명할 수 있다. 의미의 생성은 이러한 구조적 한계영역 범위 내에 존재한다(Myers와 Myers, 1976; Tubbs와 Moss, 1980; 조종혁 1999). 이는 수용자 측면에서 어떠한 형태로 된 정보를 취득하느냐에 따라 생성되는 의미가 달라질 수 있다고 볼 수 있다. 즉 '지각(perception)이란 인간의 감각을 통해 전달되는 정보를 처리하여 의미가 생성되는 과정이다(조종혁, 1999)'라는 이론을 견지할 때 정보를 수용하는 감각의 형태에 따른 특성의 차이가 존재할 것이라고 볼 수 있으며, 다양한 한류제품을 경험하는 감각의 형태에도 차이가 있으며, 따라서 한류제품의 유형(type)을 유형적인 것과 무형적인 것으로 분류하여 파악해 볼 수 있다는 것이다(김유경 등, 2008).

1) 유형적 정보

유형적 정보(tangible information)란 인간의 손등의 피부를 통해 지각하는 정보를 말한다. Peck과 Childer(2003) 등은 아리스토텔레스의 '촉감은 모든 형태의 정보를 전달할 수 있다. 심지어 시각적 정보도 전달할 수 있다.'는 Siegel(1970)의 Galen on Sense Perception 의 책 내용을 인용하면서 유형적 정보(touch-haptic Information)의 중요성을 강조하였는데, 유형적 정보란 사람에 따라 차이가 있으나, 다른 형태의 정보에 비해 강한 특성을 보인다고 밝히고 구매의사결정과정이 사람마다 다르므로 이를 정교히 측정할 수 있는 도구(tool)를 제안했다. 피부 등의 접촉을 통해 획득한 유형적 특성에 의한 경험(tangible experience)이 무형적 특성에 의한 경험(intangible experience)에 비해 인간의 태도 및 행태에 미치는 영향이 더욱 크다는 것이다. 이때 유형적 특성에 의한 경험이란 인간의 손, 피부, 코, 입 등 물리적 감각기관을 통해 체험하는 촉각, 후각, 미각적인 감각 경험을 말하며 본 논문에서 유형적 정보란 유형적 특성에 의한 경험으로 획득하는 정보로 시청각에 의존하는 무형적 정보와 차별되는 개념이다.

국가 간 혹은 문화 간 커뮤니케이션을 통해 이미지가 형성되는 경로는 3가지 유형(type)으로 구분된다. ① 면대면적 성격을

띤 개인적 접촉과 ② 매스 미디어 혹은 뉴미디어를 통한 텍스트적 접촉 그리고 ③ 제품과 서비스 접촉을 통한 관계적 접촉 등세 가지로 나누고 있는데(Moffitt, 1994; 박기순, 1996), 여기서 미디어에 의한 접촉을 제외한 다른 접촉이 유형적 정보의 유형에 속한다고 볼 수 있다.

Lefkoff-Hagius와 Mason(1990)은 소비자가 제품을 구매할 때, 무형적 속성(intangible attribute)에서는 선호(preference)를, 유형적 속성(tangible attribute)에서는 유사성(similarity) 판단을 하는 것으로 밝혔다.

Peck(2003)과 Pack과 Wiggins(2006)는 피부 접촉 등 유형적 경험에 의한 정보를 유형적 정보(haptic information)로 지칭하면서 그 중요성을 강조하였다. 유형적 정보에 대한 수용의 강도는 비록 사람에 따라 차이가 있으나, 다른 형태의 정보에 비해 강한 특성을 보인다고 밝히고 구매의사 결정과정도 사람마다 다르다고 주장하면서 이를 측정할 수 있는 도구를 제안했다.

Hornik(1992)은 접촉여부 즉 유형적 정보가 개인의 태도(attitude)와 행태(behavior)의 변화에 영향을 미친다고 밝히면서, 특히 소비자에게 긍정적인 영향을 주는 것으로 밝혔다.

O'Loughlin와 Szmigin(2005)은 은행의 소매은행 브랜드 형성에 대한 연구를 하면서 브랜드의 기능적 특성이 감성적 특성보다 더 중요함을 밝혔는데, 이러한 연구들은 브랜드가 김유경 등 (2008)이 주장한 것처럼 다차원적 구조로 되어 있으며, 브랜드의 하위구조─속성(attributes), 혜택(benefits)─의 세부 구성 요소 간

의 영향력은 측정의 단위 및 산업의 특성 등에 따라 다를 수 있다는 것을 증명하였다.

한편 이러한 유형적 정보와 관계가 깊은 체험마케팅(experiential marketing)에 관한 연구 동향을 검토해 볼 필요가 있다. Schmitt(2002)는 체험마케팅(experiential marketing)이라는 그의 저서에서 감각적 체험 즉 시각, 청각, 후각, 미각, 촉각 등을 적절히 마케팅에 활용한다면 더 차별화되고, 강력한 동기부여 및 가치전달의 수단이 될 수 있을 것이라고 하였다.

문은아(2004)에 따르면 체험마케팅이란 기존의 감각마케팅, 감성마케팅, 관계마케팅 등의 기법을 하나로 체계화한 것이라 볼 수 있다. 체험마케팅은 단순히 제품을 사전에 체험해 보는 차원을 넘어 소비자에게 총체적인 체험을 제공한다는 것이다. 단순히 제품에 의해 연상되어지는 소극적 개념의 브랜드가 소비자에게 총체적인 체험을 제공함으로써 강한 브랜드 이미지를 심어주는 역할을 하게 된다는 것이다. 고객의 참여를 전제로 한 체험 마케팅은 그 강조점과 방법의 차이는 있을지라도 제조업과 정보산업, 그리고 오락, 관광, 교육 같은 서비스 산업, 레포츠, 연예 등 모든 분야에서도 적용할 수 있을 것이다. 그리고 향후에 새로운 형태의 문화콘텐츠 제품은 디지털 기술의 축적과 지원을 바탕으로 인간의 감각(오감)에[13] 가치를 줄 수 있는 형태로 발전되어야 한다고 주장하였다.

---

13) 시각, 청각, 후각, 미각, 촉각의 다섯 가지 감각을 뜻한다(국립국어원, 2009).

김영진(2006)은 체험마케팅의 요소를 디자인 요소와 연계시켜 체험에 있어서 디자인적 요소가 차지하는 비중이 매우 크다고 밝혔다. 따라서 감각, 감성, 행동, 인지, 관계라는 기존 체험마케팅에서 중요시하는 5개의 요소와 함께 디자인적 요소를 적용하면 효과가 더욱 클 수 있다고 주장하였다.

심수연(2007)은 전통적인 마케팅보다 체험 마케팅이 더 효과적으로 나타났으나, 기본적인 품질이 담보된 후에 체험마케팅을 실시해야 더 효과적이라고 주장한다. 즉, 고객을 위한 다양한 체험을 창조함으로써 구매를 유도하는 체험마케팅이 다양한 산업 분야에서 시도되고 있으나, 그에 대한 효과를 높이기 위한 실증적 연구로 품질이 뒷받침되어야 한다고 밝혔다.

오수희(2005)는 경험적 가치(experiential value)와 브랜드 태도에 미치는 영향력에 관해 분석했다. 매장 내 감성 체험이 인지 체험에 미치는 영향 즉 감각, 감성, 인지 체험이 제품이나 서비스의 가치 인식에 미치는 영향에 관해 연구하였다. 이 연구는 감각 체험과 인지 체험이 만족스러울 때 매장 내 제품이나 서비스가 실용적으로 또 쾌락적으로 가치가 있다고 인식하고, 매장 내 경험을 통해 제품과 서비스의 가치를 긍정적으로 인식하면, 매장뿐 아니라 매장 브랜드에 대해서도 긍정적 태도를 갖는다는 결과를 도출했다.

이상과 같이 체험마케팅 연구는 다양한 분야에 걸쳐 체험마케팅의 방법과 세부요소에 따라 마케팅 결과에 어떠한 영향을 미치는지를 탐색하는 것이 주류를 이루고 있다.

한편 Lindstrome(2005)은 인간의 5감을 이용한 브랜드의 고객 충성도가 높다고 밝히면서, 한 예로서 뱅앤올룹슨(Bang & Olufsen)은 기존 리모컨과 차별화된 촉감을 제공하는 제품을 개발하여 높은 점수를 받았다고 했다. 그는 9개 브랜드를 대상으로 5대 감각이 해당 브랜드 충성도에 대한 영향을 파악하였는데, 미각(0.19),[14] 후각(0.13), 청각(0.10), 촉각(0.08), 시각(0.07)이라고 밝히면서 5대 감각기관을 잘 활용할 경우 좋은 브랜드를 만들기가 용이하다고 밝혔다. 안광호(2006)는 '더바디샵'(The Body Shop)과 '세포라'(Sephora)가 화장품을 직접 만져보고 사용할 수 있게 하는 기회를 고객에게 제공해서 큰 성공을 거두고 있다고 했다.

김유경 등(2008), 이창현 등(2010, 2011)은 한류의 유형을 크게 촉지 가능한 유형적(tangible) 한류와 촉지가 불가한 무형적(intangible) 한류로 구분하였으며, 음식이나 패션과 같은 유형적(tangible) 한류가 스타, 드라마, 가요, 영화와 같은 무형적(intangible) 한류에 비해 한국에 대한 태도 및 한국 제품 구매의사와 더욱 강한 관계성을 가지고 있다고 하였다. 이 연구는 고정민·강신겸·이안재(2005)가 한류를 대중문화단계(드라마, 음악, 영화), 파생제품구매단계(드라마관광, DVD, 캐릭터), 일반제품구매단계(전자제품, 생활용품)로 구분하면서 각 단계별 발전의 과정이 순차적으로 발생한다는 주장에 비해 다차원적이고 복합적으로 한류제품 유형 간의 관계성을 종합적으로 파악하고자 하였다.

---

14) 충성도 영향점수(Loyalty Impact Score)로 1점 만점이다.

일반적으로 기업에서는 TV와 신문 같은 미디어 매체를 이용하는 간접적 접촉 방법과 유통망 즉 매장을 통한 방법, 샘플, 시제품의 활용 등과 같은 직접적 접촉 방법을 동시에 활용하고 있다. 좋은 제품의 경우 시제품을 사용하게 하여 사용 후 구매로 연결될 수 있도록 하는 효과성의 강화활동에 활용되나, 상대적으로 많은 비용과 시간이 필요하고 투입대비 성과의 편차가 매우 커서 판촉활동 단계별 목적에 따라 구분되어 활용되어지고 있다.

여기서 한류의 유형을 직접접촉이 가능한 유형적(haptic 혹은 tangible) 한류와 직접접촉이 힘든 무형적(intangible) 한류로 구분하여 파악한 것은 한류의 유형(type)을 구분하고 한류의 유형에 따른 역할이 다를 수 있음을 밝히고자 하기 때문이다.

2) 무형적 정보

본 연구에서 사용되는 무형적 정보란 텍스트적 접촉(매스미디어)에 의해 전달되는 정보로서 주로 매스미디어(Mass Media)를 활용하여 전달되는 정보를 말한다(Moffit, 1994; 박기순, 1996).

김정탁・박진서・김소형(2002)에 따르면 브랜드 이미지에 미치는 매스미스어의 영향은 매우 크고, 특히 이미지는 대부분의 경우 실체 환경에 대한 직접적 경험이라기보다는 매스미디어가 제공하는 의사환경(pseudo environment)에 의해 간접적으로 형성되는 경향을 보이고 있으며, 국가브랜드 이미지의 형성에 매스미디어는 매우 중요한 경로가 될 뿐만 아니라, 반복적, 누적적

효과를 나타낸다고 했다.

서용건 등(2004)은 허진(2002) 등의 논문을 인용하면서 이미지란 영화, 텔레비전, 영상 등에 의해서 만들어진 것이며, 한류에 대해서 한국의 대중문화가 대중매체를 통해서 중국 및 동아시아 지역에 전파되고 그 결과로 그 지역에서 뚜렷한 문화적 반향이 나타났다는 사실은 매우 중요한 학문적 연구의 대상이라고 하였다. 즉 대중매체가 국가브랜드 이미지 형성의 중요한 경로가 된다는 사실을 적시하였다.

이때 일반적으로 정보를 전달하는 매스미디어 비히클(Vehicle)의 유형(type)은 신문, TV(지상파, 위성/케이블, IPTV, DMB), 잡지, 인터넷, 라디오로 구분되는데(한국언론재단, 2008), 이를 통해 영화, 드라마, 광고, 홍보, 소설, 기사 등과 같은 유형(type)의 메시지가 전달된다. 매스미디어에 담긴 메시지는 다수의 대중에게 전달되며, 개인 간 접촉, 상품을 통한 접촉 등에 비해 다수의 대중에게 접근이 용이한 특성이 있다.

한류상품과 국가브랜드 이미지 간의 관계는 파급효과(spillover effect)로도 볼 수 있는데, 파급효과란 1차적으로 목표한 내용물(contents)을 담은 메시지가 전달 과정에서 부수적인 효과를 발생시켜 원래 의도하지 않았던 2차적 파급효과를 가져 온다는 것이다. 다양한 제품군에서 동일한 브랜드를 사용할 경우, 특정 제품군에 대한 광고 내용이 동일한 브랜드를 적용하고 있는 다른 제품군에도 영향을 줄 수 있다는 것이다. 특히 모 브랜드(parent brand)에 대한 광고가 하위 브랜드에 영향을 주는 것을 순방향 파급효과(forward spillover effect)라고 하고, 반대로 하위 브랜드에 대한 광고가 모 브랜드에 대한 신념에 영향을 주는 것을 역방향 파급효과(reciprocal spillover effect)라고 한다(Ahluwalia와 Unnava, Burnkrant, 2001; Balachander와 Ghose, 2003). 따라서 하위 브랜드로서의 한류는 모 브랜드로서의 국가브랜드 이미지에 긍정적인 영향을 주는 역방향 파급효과가 나타날 수 있고, 모 브랜드로서의 국가브랜드에 대한 이미지는 다시 하위 브랜드로서의 한국 기업 및 제품에 대한 인식에 긍정적인 영향을 주는 순방향 파급효과가 나타날 수 있다.

이러한 미디어의 다양한 효과적 측면을 고려하여, 본 연구에서는 영화와 드라마와 같이 매스미디어를 통해 전달되는 메시지를 무형적 정보(Intangible Information)로 정의하여 한류제품으로서 국가브랜드 이미지에 미치는 영향을 살펴보자 한다.

2장

연구문제와
분석결과

제1절 연구문제

본 연구를 위해 다음과 같은 연구가설을 설정하였다.

연구가설 1. 한류제품의 경험(유형적 한류제품과 무형적 한류
　　　　　제품)은 한국 국가브랜드 이미지에 대한 인식에
　　　　　긍정적인 영향을 줄 것이다.

1-1. 한국 의류에 대한 인식은 한국 국가브랜드 이미지에 대
　　 한 인식에 긍정적인 영향을 줄 것이다.
1-2. 한국 식품에 대한 인식은 한국 국가브랜드 이미지에 대
　　 한 인식에 긍정적인 영향을 줄 것이다.
1-3. 한국 영화 · 드라마에 대한 인식은 한국 국가브랜드 이미
　　 지에 대한 인식에 긍정적인 영향을 줄 것이다.

국가브랜드 이미지가 해당 국가의 기업과 제품에 미치는 영

향은 Han(1989) 등의 연구 이후 상호의존적일 수 있다는 것이 밝혀졌다. 즉 국가브랜드 이미지가 개별 기업이나 제품의 이미지에 영향을 미칠 수 있을 뿐만 아니라, 기업이나 제품의 이미지가 국가브랜드 이미지에 영향을 미칠 수 있다는 것이다. 이러한 현상은 많은 일반 기업들이 회사의 브랜드 이미지와 개별 제품의 브랜드 이미지를 상호 연관하여 관리할 때도 마찬가지로 나타나는 현상이다. 그럼에도 불구하고 국가브랜드 이미지지가 해당 국가의 기업 및 제품이미지에 영향을 미친다는 단방향적 선형모형 가설을 설정한 이유는 서민교 등(2007)과 서용건 등 (2004)의 연구에서와 마찬가지로 국가브랜드 이미지를 '인식→태도→구매의도'와 같은 선형적 모형으로 설명하기 위해서이다. 본 연구의 목적은 한류라는 문화제품의 확산에서 발생하는 국가브랜드 이미지에 대한 인식이 한국의 기업과 제품에 미치는 영향을 선형적으로 파악하고자 하는 것에 있기 때문이다.

Han(1989)은 원산지 국가이미지를 한 국가에서 생산된 제품에 대한 소비자들의 전반적인 지각으로 정의하면서, 제품 평가 시 소비자들이 알지 못하는 외국브랜드에 대한 품질을 추론함에 있어 원산지 이미지가 후광으로 작용한다고 주장하였다.

유정(2005)의 연구에 의하면 한류 드라마는 한국의 국가브랜드 이미지뿐만 아니라 한국의 기업 이미지에도 직접적인 영향을 주는 것으로 나타났다. 따라서 드라마와 같은 무형적 한류상품뿐만이 아니라 의류 및 식품 등과 같은 유형적 한류상품 역시 한국 기업에 대한 인식에 긍정적인 영향을 줄 것이라고 판단된다.

홍성태 등(2007)은 한류현상에 의해 한국 제품에 대한 평가가 높아졌다는 연구결과를 일본인을 대상으로 한 실증적 연구를 통해 밝힌 바 있다. 또한 김유경 등(2008)은 중국인을 대상으로 한류가 한국 제품의 구매의도에도 직간접적인 영향을 주고 있다는 실증적인 연구를 하였다. 이는 한류가 한국의 국가브랜드 이미지, 한국의 기업이미지에 직접 영향을 미칠 뿐만 아니라 한국 제품의 구매의도에도 직접적, 간접적인 영향을 미치고 있음을 의미한다. 따라서 연구가설 2와 3을 수립하였다.

연구가설 2. 한국 국가브랜드 이미지에 대한 인식은 한국 기업에 대한 인식에 긍정적인 영향을 줄 것이다.
연구가설 3. 한국 국가브랜드 이미지에 대한 인식은 한국 제품에 대한 인식에 긍정적인 영향을 줄 것이다.

Aaker와 Keller(1990)에 의하면, 母브랜드의 제품에 대해 소비자들이 느끼는 품질수준이 확장제품에 대한 평가에 직접적인 영향을 줄 수 있다. 또한 기업에 대한 태도가 제품구매 결정의 영향요인으로 작용하기도 한다(홍성태 등, 1998). 따라서 특정 국가의 기업에 대한 인식 역시 해당 국가의 제품의 인식에도 긍정적인 영향을 줄 것으로 예상된다. 따라서 다음과 같은 연구가설을 수립하였다.

연구가설 4. 한국 기업에 대한 인식은 한국 제품에 대한 인식에 긍정적인 영향을 줄 것이다.

제2절 국가 및 지역별 표본 수

본 연구에 활용한 유효 표본 수는 총 1,915개로 <표 10>과 같다.

<표 10> 국가 및 대륙별 유효 표본 수

대륙별	국가별						대륙별	
	국가	빈도 (case)	응답자구분(case)			%	빈도	%
			바이어, 기업인	대학생	그 외 기타			
아시아 대양주	대만	100	43	48	9	5.2	1,179	61.6
	말레이시아	87	48	30	9	4.5		
	베트남	67	33	29	5	3.5		
	싱가포르	59	11	28	20	3.1		
	인도	158	47	61	50	8.3		
	인도네시아	73	37	29	7	3.8		
	일본	104	42	41	21	5.4		
	중국	264	142	84	38	13.8		
	태국	61	31	26	4	3.2		
	필리핀	75	29	31	15	3.9		
	호주	47	25	7	15	2.5		
	홍콩	84	42	27	15	4.4		
미주	멕시코	57	11	30	16	3.0	302	15.8
	미국	136	46	54	36	7.1		
	브라질	57	30	13	14	3.0		
	캐나다	52	27	19	6	2.7		
유럽	독일	69	33	12	24	3.6	281	14.7
	러시아	38	22	4	12	2.0		
	영국	65	19	29	17	3.4		
	이탈리아	48	21	22	5	2.5		
	프랑스	61	22	25	14	3.2		

중동 아프 리카	남아프리카공화국	19	3	10	6	1.0	153	8.0
	사우디아라비아	51	9	23	19	2.7		
	아랍에미리트	40	16	7	17	2.1		
	이집트	43	14	19	10	2.2		
Total		1,915	803 42%	708 37%	404 21%	100	1,915	100

연구에 활용한 응답자 수는 총 1,915개로 국가별로는 중국이 264(13.8%)개로 가장 많고, 대만, 말레이시아, 베트남, 인도, 인도네시아, 일본, 태국, 필리핀, 호주, 홍콩 등 아시아 대륙 12개 국가와 멕시코, 미국, 브라질, 캐나다 등 미주 대륙 4개 국가, 독일, 러시아, 이탈리아, 프랑스 등 유럽 대륙 4개 국가, 남아프리카공화국, 사우디아라비아, 아랍에미리트, 이집트 등 중동·아프리카 대륙 4개 국가 등이다.

대륙별 구성비는 아시아·대양주가 61.6%(1,179개), 미주가 15.8%(302개), 유럽이 14.7%(281개), 중동·아프리카가 8.0%(153개)이다.

또한 성비는 남성이 1,028표본으로 53.7%이며, 여성이 832표본으로 43.4%, 무응답이 55표본으로 2.9%이다.

〈표 11〉 성별 분포

구분	빈도	퍼센트
남성	1,028	53.7
여성	832	43.4
모름/무응답	55	2.9
합계	1,915	100.0

제3절 측정문항의 신뢰도와 타당도 분석

1. 확인적 요인분석과 구조모형 분석

1) 확인적 요인분석

구성개념들에 대한 측정도구 타당성을 검증하기 위하여 AMOS 7.0을 이용하여 확인적 요인분석을 실시하였다. 확인적 요인분석 및 구조모형분석을 위해 각 측정변인에 대해 무응답치를 가지고 있는 표본은 분석에서 제외하였다. 따라서 최종적으로 분석에 활용된 표본수는 아시아 1,179, 미주 302, 유럽 281, 중동 및 아프리카 153 등으로 총 1,915표본이다.

<표 12>에서 x^2값이 유의하게 나타나고 있으나, 이는 샘플 크기에 민감하기 때문에 GFI, NFI, CFI 등으로 모델적합도를 평가하는 것이 적절하다(Bagozzi와 Yi, 1988).

측정모형의 적합도 지수는 GFI=0.931, AGFI=0.919, RMSEA=0.041, NFI=0.953, CFI=0.964로 나타났다.

RMSEA값은 0.05 이하, NFI, GFI, AGFI, CFI값은 0.9 이상이라는 기준을 적용하였을 때 적합도는 만족할 만한 수준이라고 할 수 있다(이학식·임지훈, 2008).

크론바흐 알파(cronbach's α) 테스트 결과 6개 구성변인의 신뢰도 값이 0.87 이상으로 높게 나타나 사용 가능한 것으로 나타났다(안광호, 2006).

〈표 12〉 확인적 요인분석 결과

Construct Variable	측정항목	표준 적재치 (λ)	C.R.	AVE	신뢰도
한국 의류에 대한 인식	한국 의류디자인은 디자인(스타일)이 우수하다.	0.821	43.023	0.70	0.918
	한국 의류디자인은 고객의 니즈(needs)를 잘 반영하고 있다.	0.851	45.561		
	한국 의류디자인은 다른 사람들에게 추천할 만한 강점이 있다.	0.872	47.318		
	한국 의류디자인을 사용하게 되면 자부심이 느껴질 것이다.	0.759	38.361		
	전반적으로 한국 의류디자인에 대해 좋게 평가한다.	0.875	47.616		
한국 식품에 대한 인식	한국 가공식품은 품질이 우수하다.	0.799	41.273	0.67	0.908
	한국 가공식품은 가격이 합리적이다.	0.705	34.511		
	한국 가공식품을 구입할 의사가 충분히 있다.	0.821	42.951		
	한국 가공식품을 다른 사람들에게 추천할 의사가 충분히 있다.	0.857	45.933		
	전반적으로 한국 가공식품에 대해 좋게 평가한다.	0.898	49.615		
한국 영화/드라마에 대한 인식	한국 영화·드라마는 내용이 우수하다.	0.853	46.206	0.73	0.949
	한국 영화·드라마는 믿을 수 있다.	0.857	46.527		
	한국 영화·드라마는 고객의 니즈(needs)를 잘 반영하고 있다.	0.839	44.956		
	한국 영화·드라마는 다른 사람들에게 권할 만한 강점이 있다.	0.89	49.544		
	한국 영화·드라마는 색다르고 독특하다.	0.778	40.159		
	한국 영화·드라마는 지속적으로 접해보고 싶을 것이다.	0.859	46.719		
	전반적으로 한국 영화·드라마에 대해 좋게 평가한다.	0.892	49.71		

한국 국가 브랜드 이미지에 대한 인식	한국은 첨단 기술을 보유하고 있다.	0.667	32.53	0.52	0.884
	한국은 믿을 만하다.	0.769	38.742		
	한국은 역동적이다.	0.683	33.074		
	한국은 사회적 책임을 다한다.	0.69	33.546		
	한국은 친화력이 높다.	0.729	36.093		
	한국은 합리적이다.	0.731	36.27		
	나는 전반적으로 한국에 대해 좋게 평가한다.	0.791	40.403		
한국 기업에 대한 인식	한국 기업은 첨단 기술을 보유하고 있다.	0.601	28.423	0.49	0.871
	한국 기업은 믿을 만하다.	0.753	37.394		
	한국 기업은 역동적이다.	0.66	31.477		
	한국 기업은 사회적 책임을 다한다.	0.67	32.102		
	한국 기업은 친화력이 높다.	0.721	35.342		
	한국 기업은 합리적이다.	0.699	33.923		
	나는 전반적으로 한국 기업에 대해 좋게 평가한다.	0.792	40.239		
한국 제품에 대한 인식	한국 제품 및 서비스는 품질이 우수하다.	0.842	44.22	0.59	0.876
	한국 제품 및 서비스는 가격이 합리적이다.	0.779	39.397		
	한국 제품 및 서비스를 구입할 의사가 충분히 있다.	0.806	41.367		
	한국 제품 및 서비스를 다른 사람들에게 추천할 의사가 충분히 있다.	0.777	39.201		
	전반적으로 한국 제품 및 서비스에 대해 좋게 평가한다.	0.628	29.41		

$x^2 = 2379.434$, p=0.000, df=572
GFI=0.931, AGFI=0.919, RMSEA=0.041, NFI=0.953, CFI=0.964

① 수렴 타당도(Convergent Validity)

<표 12>에서와 같이 표준 적재치(λ)가 최소 0.601로 모두 높고, 유의하게 나타나 수렴타당도가 있는 것으로 판단된다.

또한 평균분산추출값(Average Variance Extracted; AVE)이 0.5 이상이면 수렴타당도를 갖는 것으로 볼 수 있다(Fornell과 Larker, 1981).

'한국 기업에 대한 인식'의 AVE값은 0.5에 근사하게 미치지 못하지만 0.49로 수렴타당도를 크게 벗어난 것으로 보기는 어렵다. 따라서 전반적으로 수렴타당도가 어느 정도 확보된 것으로 판단하였다.

② 판별 타당도(Discriminant Validity)

판별타당도를 평가하기 위해 구성개념 간 상관관계를 보여주는 $\emptyset$ 계수의 95% 표준오차 구간추정치($\emptyset \pm 2S.E.$)에 1.0이 포함되지 않는지를 확인하였다(Anderson과 Gerbing, 1988).

분석결과 모든 $\emptyset$ 계수의 신뢰구간에 1.0이 포함되고 있지 않으므로, 구성개념들 간에 판별타당성이 확보되었다고 할 수 있다(<표 13> 참조).

〈표 13〉 판별 타당도

구성변인			상관계수 ($\emptyset$)	표준오차 (S.E.)	95% 신뢰구간 ϕ - 2S.E.	ϕ + 2S.E.
한국 의류에 대한 인식	↔	한국 제품에 대한 인식	0.444	0.021	0.402	0.486
한국 의류에 대한 인식	↔	한국 기업에 대한 인식	0.408	0.022	0.364	0.452
한국 의류에 대한 인식	↔	한국 국가브랜드 이미지에 대한 인식	0.433	0.021	0.391	0.475
한국 의류에 대한 인식	↔	한국 식품에 대한 인식	0.55	0.018	0.514	0.586
한국 의류에 대한 인식	↔	한국 영화·드라마에 대한 인식	0.566	0.017	0.532	0.6
한국 식품에 대한 인식	↔	한국 영화·드라마에 대한 인식	0.587	0.017	0.553	0.621
한국 식품에 대한 인식	↔	한국 국가브랜드 이미지에 대한 인식	0.447	0.021	0.405	0.489

한국 식품에 대한 인식	↔	한국 기업에 대한 인식	0.406	0.022	0.362	0.45
한국 식품에 대한 인식	↔	한국 제품에 대한 인식	0.466	0.02	0.426	0.506
한국 영화·드라마에 대한 인식	↔	한국 국가브랜드 이미지에 대한 인식	0.391	0.021	0.349	0.433
한국 영화·드라마에 대한 인식	↔	한국 기업에 대한 인식	0.351	0.022	0.307	0.395
한국 영화·드라마에 대한 인식	↔	한국 제품에 대한 인식	0.375	0.022	0.331	0.419
한국 국가브랜드 이미지에 대한 인식	↔	한국 기업에 대한 인식	0.896	0.007	0.882	0.91
한국 국가브랜드 이미지에 대한 인식	↔	한국 제품에 대한 인식	0.816	0.011	0.794	0.838
한국 기업에 대한 인식	↔	한국 제품에 대한 인식	0.79	0.012	0.766	0.814

2) 구조모형 분석

CFA에서와 같이, 한국 국가브랜드 이미지에 대한 인식과 한국 기업에 대한 인식의 측정문항은 사실상 동일하므로, 측정오차항 간에 상관관계를 허용하였다. 또한 한국 영화·드라마와 같은 무형적 요소와 한국 식품 및 의류와 같은 유형적 요소들 간에는 밀접한 연관성이 존재할 가능성이 높다. 따라서 이들 외생변인들 간의 상관관계를 허용하였다.

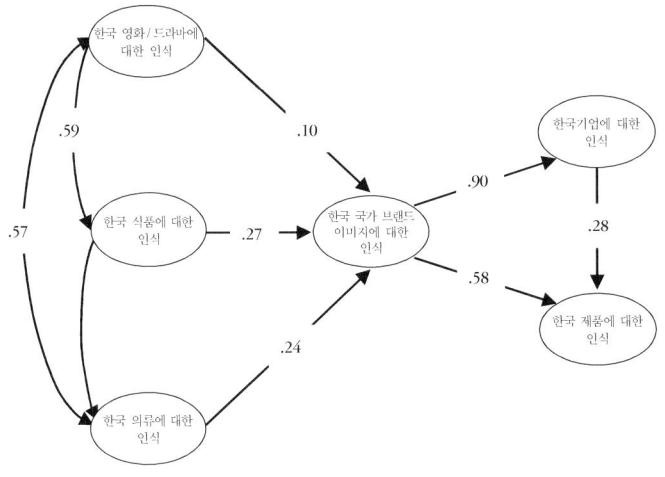

<그림 1> 구조모형 분석결과

 분석결과, <표 14>와 같이 적합도는 GFI=0.930, AGFI=0.919, RMSR=0.030, NFI=0.952, CFI=0.963 등으로 나타났다.

 다음으로 각 변인 간의 경로계수를 확인하였다. 전반적으로 보면, 한류제품에 대한 인식이 한국에 대한 인식에 영향을 주고, 한국 국가브랜드 이미지에 대한 인식이 다시 한국 기업 및 제품에 대한 인식에 영향을 주고 있음을 알 수 있다. 이는 곧 한류제품에 대한 인식이 한국의 국가브랜드 이미지에 대한 인식에 영향을 주고, 이를 통해 간접적으로 한국 기업 및 제품에 대한 긍정적인 인식을 형성함을 의미한다.

〈표 14〉 구조모형 분석결과

연구가설	표준화 경로계수	비표준화 경로계수	C.R.	유의도	가설채택 여부
한국 영화·드라마에 대한 인식 → 한국 국가브랜드 이미지에 대한 인식	0.104	0.070	3.541	0.000	채택
한국 의류에 대한 인식 → 한국 국가브랜드 이미지에 대한 인식	0.244	0.183	8.201	0.000	채택
한국 식품에 대한 인식 → 한국 국가브랜드 이미지에 대한 인식	0.269	0.223	8.791	0.000	채택
한국 국가브랜드 이미지에 대한 인식 → 한국 기업에 대한 인식	0.897	0.803	33.835	0.000	채택
한국 국가브랜드 이미지에 대한 인식 → 한국 제품에 대한 인식	0.577	0.539	10.865	0.000	채택
한국 기업에 대한 인식 → 한국 제품에 대한 인식	0.276	0.288	5.510	0.000	채택

x^2=2434.889, p=0.000, df=578
GFI=0.930, AGFI=0.919, RMSR=0.030, NFI=0.952, CFI=0.963

구조모형 분석결과 본 논문의 연구가설들은 모두 채택이 가능한 것으로 나타났다. 구체적으로 <연구가설 1>의 한류제품의 경험(유형적 한류제품과 무형적 한류제품)은 한국 국가브랜드 이미지에 대한 인식에 긍정적인 영향을 주는 것으로 나타났다. 특히 무형적 한류제품인 영화·드라마(0.10)에 비해 유형적 한류제품(식품 0.27, 의류 0.24)의 영향이 보다 큰 것으로 나타났다.

또한 <연구가설 2>의 한국 국가브랜드 이미지에 대한 인식이 한국 기업에 대한 인식에 긍정적인 영향을 미치는 것으로 나타났으며, <연구가설 3>의 한국 국가브랜드 이미지에 대한 인식이 한국 제품에 대한 인식에 긍정적인 영향을 주는 것으로 확인되었다. 그리고 <연구가설 4>의 한국 기업에 대한 인식이 한국 제품에 대한 인식에도 긍정적인 영향을 주는 것으로 판명되었다. 이로써 본 연구문제의 연구가설들은 모두 채택되었다.

3장

결론

제1절 연구결과 요약

1. 연구개요

오늘날 국가브랜드 이미지는 매우 중요한 의미를 지닌다. 국가 간의 접촉과 사람의 이동이 더욱 빈번해지고 있는 현대사회에서 각 국가들은 투자유치와 관광촉진, 수출진흥, 이민자 및 유학생의 유치, 다른 나라 정부의 관심과 존경, 신뢰를 얻기 위해 국가브랜드 이미지를 강화하려고 매우 많은 노력을 하고 있다. 국가브랜드 이미지를 국가 간 경쟁의 핵심요소로 파악한 것이다(Dinnie, 2008).

본 연구는 국가브랜드 이미지가 이렇게 중요한 시점에, 한류가 한국이라는 국가브랜드 이미지에 미치는 영향을 살펴보고자 하였다. 즉 한류를 '생산과 소비의 목적과 수단'이라는 측면에서 한국의 국가브랜드 이미지에 대한 인식과 한국 기업 및 제품에 대한 인식에 어떠한 영향을 미치는가를 파악하였다. 구체적으로는 어떠한(유형적 혹은 무형적) 한류 유형(type)이 한국 국가 브랜드 이미지에 대한 인식, 기업 및 제품에 대한 인식에 영향을 미치는 관계와 국가브랜드 이미지에 대한 인식이 기업 및 제품에 대한 인식에 어떠한 영향을 미치는지 그 관계구조에 대해 정량적으로 살펴보았다.

한류 현상에 대한 국가 간의 보다 객관적이고 명확한 비교를 위해 먼저 해당 국가의 인구 수와 우리나라 수출액, 수출성장률 등을 기준으로 상위 25개국을 선정하여 모집단을 형성한 뒤, 한류제품에 대한 인식 등을 파악하여 한국 국가브랜드 이미지에 미치는 영향과 특성을 파악하였다. 김유경 등(2008)은 한류의 유형(type)을 크게 직접 촉지 가능한 유형적(tangible) 한류와 직접적으로 촉지가 불가한 무형적(intangible) 한류로 구분하였으며, 식품이나 패션과 같은 유형적(tangible) 한류가 스타, 드라마, 가요, 영화와 같은 무형적(intangible) 한류에 비해 한국에 대한 태도 및 한국 제품 구매의사와 더욱 강한 관계성을 가지고 있다고 하였다. 이러한 선행적 연구를 바탕으로 문화제품으로 통칭되는 한류제품을 영화 · 드라마와 같이 미디어 접촉을 통해 소비할 수 있는 무형적(intangible) 한류제품과 미디어 등의 영향을 받으면서도 직접 촉지할 수 있는 의류디자인(패션)이나 가공식품(음식)과 같은 유형적(tangible) 한류제품으로 구분하여 파악하였다.

2. 한류제품 경험 유형(type)이 국가브랜드 이미지, 기업 및 제품·서비스의 인식에 미치는 영향: 구조모형 분석 결과

한류제품 경험 유형(type)에 따른 한국 국가브랜드 이미지에 대한 인식, 한국 기업에 대한 인식, 한국 제품과 서비스에 대한 인식 간의 구조모형 분석결과, 한류제품에 대한 인식이 한국 국가브랜드 이미지의 인식에 긍정적인 영향을 주고 한국 국가브랜드 이미지에 대한 인식이 다시 한국 기업과 제품·서비스에 대한 인식에 긍정적인 영향을 주는 것으로 나타났다.

〈표 15〉 가설과 구조모형 분석결과

가설	연구가설	가설채택 여부	비고
① 한류제품의 경험 유형(type: 유형적 한류제품과 무형적 한류제품)에 따라 한국 국가브랜드 이미지에 대한 인식이 다를 것이다.	한국 영화·드라마에 대한 인식 → 한국 국가브랜드 이미지에 대한 인식	채택	한류제품이 국가브랜드 이미지에 영향을 미침
	한국 식품에 대한 인식 → 한국 국가브랜드 이미지에 대한 인식	채택	
	한국 의류에 대한 인식 → 한국 국가브랜드 이미지에 대한 인식	채택	
② 한국 국가브랜드 이미지에 대한 인식은 한국 기업에 대한 인식에 긍정적인 영향을 줄 것이다.	한국 국가브랜드 이미지에 대한 인식 → 한국 기업에 대한 인식	채택	국가브랜드는 기업과 제품에 영향을 미침
③ 한국 국가브랜드 이미지에 대한 인식은 한국 제품에 대한 인식에 긍정적인 영향을 줄 것이다.	한국 국가브랜드 이미지에 대한 인식 → 한국 제품에 대한 인식	채택	
④ 한국 기업에 대한 인식은 한국 제품에 대한 인식에 긍정적인 영향을 줄 것이다.	한국 기업에 대한 인식 → 한국 제품에 대한 인식	채택	–

구체적으로 살펴보면, 한국 영화·드라마에 대한 인식, 한국 식품에 대한 인식, 한국 의류에 대한 인식 등이 한국 국가브랜드 이미지에 대한 인식에 미치는 영향력의 강도가 다르게 나타났다. 영화·드라마의 영향이 0.10로 가장 낮고, 의류가 0.24, 식품이 0.27로 상대적으로 높게 나타났다. 이는 영화·드라마와 같이 매스미디어를 통해 전달되는 무형적 한류와 의류나 식품과 같은 유형적 한류가 한국 국가브랜드 이미지에 미치는 영향력이 다르다는 것을 의미한다.

한편, 국가브랜드 이미지가 한국 기업에 대한 인식과 한국 제품에 대한 인식에 모두 강한 영향을 미치고 있었으며, 특히 한국 기업에 대한 영향이 0.90으로 매우 높게 나타났다. 이는 국가브랜드의 육성 없이는 한국 기업의 해외 활동이 상대적으로 힘들다는 것을 의미하며, 국가브랜드 자체의 중요성을 보다 명확히 하는 결과이다.

제2절 연구결과에 따른 시사점

1. 이론적 관점

본 연구의 이론적 함의는 다음과 같다. 첫째, 최근 들어 국가브랜드 이미지 구축 수단으로 주목받고 있는 한류상품에 대한 인식을 측정할 수 있는 개념적 틀과 측정도구를 제공하고 있는 점에 있어 큰 의의를 지니고 있다. 한류에 대한 연구는 그동안 영화, 드라마, 음악 등 문화를 중심으로 한 무형적인 상품에 초점을 두고 있었다. 그러나 이는 국가 이미지에 영향을 줄 수 있는 한류상품의 범위를 무형적인 측면으로만 한정짓는 한계가 있다. 반면 본 연구는 한류의 범위를 크게 유형적인 한류 경험(tangible experience: 음식, 패션)과 무형적인 한류 경험(intangible experience: 영화·드라마)으로 구분함으로써 한류상품의 범위를 보다 넓게 규정할 수 있는 근거를 마련했다는 점에서 차별성을 지닌다. 이때 유형적 경험이란 인간의 손, 코, 입, 피부 등의 피부점막을 통해 지각한 것을 말한다. 이렇듯 본 연구는 국가브랜드 이미지 구축 수단으로서 한류상품에 대한 논의를 확대할 수 있는 유용한 개념적 틀을 제시하고, 이를 확인적 요인분석(CFA)을 통해 실증적으로 확인했다는 점에서 그 이론적 의의를 찾을 수 있다.

둘째, 본 연구는 다양한 유형적 한류와 무형적 한류가 국가브랜드 이미지에 대한 인식에 미치는 영향을 비교했다는 데 그 의의가 있다. 미국, 프랑스, 일본과 같은 주요 선진국을 위시한 많은 나라들이 제품, 드라마, 영화, 스타의 활용, 교육지원, 경제적 원조 등 다양한 방법으로 자국의 국가브랜드 이미지를 강화하기 위해 다양한 활동들이 복합적으로 진행하고 있는 이 때, 우리나라의 문화제품인 한류제품의 경험수준에 따른 한국의 국가브랜드 이미지에 대한 태도에 미치는 영향을 파악하고, 이들 한류제품의 유형(type) 구분을 통해 각각 어떠한 경로와 단계를 통해 한국 제품의 구매의도에 영향을 미치는가를 파악하는 것은 기존의 연구와 다른 새로운 시도이며, 국가브랜드 이미지의 형성 과정에 대한 새로운 논의를 구체화할 수 있는 계기가 될 것이다. 특히 유형적 한류상품과 무형적 한류상품이 국가브랜드 이미지에 대한 인식에 미치는 영향을 살펴보면, 유형적 한류 즉 손으로 만질 수 있거나 몸으로 느낄 수 있는 한류제품의 영향이 국가브랜드 이미지 피부 등의 접촉을 통해 획득한 유형적 한류에 대한 경험(tangible experience)이 무형적 한류에 대한 경험(intangible experience)에 비해 인간의 태도 및 행태에 미치는 관계성이 더 강하다는 것이다. 이는 김유경 등(2008년)의 연구결과와 비교할 때, 연구대상, 방법, 설문문항 등의 차이가 있음에도 불구하고 유사한 특성을 보이는 것으로 나타났다. 즉 유형적 한류인 의류 디자인(패션)과 가공식품(김치 등 음식)이 국가브랜드 이미지와 관계성이 높다는 것이다. 따라서 본 연구는 무형적인 한류 중심의 관점에서 벗어나 유형적인 한류로 연구 범위가 확장될 수 있는 실증적 근거를 마련했다는 점에서 의의가 있다.

셋째, 본 연구는 모델의 일반화 가능성을 향상시켰다는데 그 의의가 있다. 한류라는 문화현상이 한국의 국가브랜드 이미지를 강화하였다는 많은 연구결과가 나오고 있고, 또한 한국 제품의 선호도와 구매의도에 직·간접적인 영향을 미쳤다는 많은 연구가 있으나, 대장금과 주몽 같은 한류 드라마가 중동, CIS 지역 등으로 확산되고 있는 이때, 한류의 영향에 대한 기존 연구들은 중국 혹은 동아시아 표본에 국한되어 있었다. 그러나 본 연구에서는 아시아대양주·미주·유럽·중동아프리카 등 총 25개국을 대상으로 연구를 진행함으로써 한류의 영향에 대한 모델의 일반화 가능성 즉 외적 타당성을 확보하였을 뿐만 아니라, 풍부한 시사점을 도출하였다는 데 의의가 있다.

2. 실무적 관점

일반적으로 기업은 TV와 신문 같은 미디어 매체를 이용하는 간접적 접촉 방법과 유통망 즉 매장을 통해 직접 시범 사용하게 하는 것과 같은 직접적 접촉 방법을 동시에 활용하여 제품의 판매를 촉진시키고 있다. 좋은 제품의 경우 시제품을 사용하게 하여 사용 후 구매로 연결될 수 있도록 하는 효과성의 강화활동에 활용되나, 상대적으로 많은 비용과 시간이 필요하고 투입대비 성과의 편차가 매우 커서 판촉활동 단계별 목적에 따라 구분되어 활용되어지고 있다. 여기서 한류제품의 유형(type)을 직접접촉이 가능한 유형적(tangible) 한류와 직접접촉이 힘든 무형적(intangible) 한류로 구분하여 파악한 것은 한류제품의 유형(type)을 구분하고 한류제품의 유형(type)에 따른 역할이 다를 수 있음을 밝힐 수 있는 시도이다. 국가브랜드 이미지 제고를 위해서는 유형적 한류와 무형적 한류를 동시에 육성하는 것이 중요하며, 또한 국가브랜드 이미지의 육성은, 대외 교역 의존도가 GDP의 70% 이상을 차지하는 우리나라에서, 수출기업의 해외 활동을 지원하는 특히 중요한 일이다.

이를 통해 향후 국가가 정책적으로 경제적 측면의 국가브랜드를 관리하고, 자국의 원산지효과를 활용한 수출촉진 및 고부가가치화 전략을 수립할 때, 어떠한 문화제품과 산업을 육성하는 것이 효율적인지, 어떠한 한류를 육성해야 효과가 더욱 강화되는지에 대한 대안을 제공할 수 있다고 본다.

국가 정책을 입안하거나 실행할 때, 한국의 실체를 무형적 정보를 통해 알리는 것과 마찬가지로 한국에 대해서 구체적으로 접촉(haptic, 혹은 touch)할 수 있는 통로(contact point) 즉 유형적 한류를 강화하는 것은 매우 중요한 것을 의미한다. 유형적 한류는 한국을 직접 방문할 기회가 없는 외국의 수용자가 한국 국가브랜드 이미지에 대한 인식을 언론이나 영화, 드라마 등과 같은 미디어를 통해서 획득하거나, 한국 제품의 사용 경험 등 다양한 정보원(Information source)에서 획득한다고 볼 때, 우선적으로 촉진활동(promotion)에 활용할 수 있는 요소이다. 즉 한국이 해외에서 국가브랜드를 육성할 때, 기술력이 뛰어나고, 대인 접촉이 높으면서, 문화제품적인 성격을 띠는 대표 제품의 육성을 통해 유형적(tangible) 한류와 같은 역할을 할 수 있도록 하고, 또한 해외 유력 언론 등 미디어를 통한 광고·홍보 활동을 수행하여 무형적(intangible) 한류 경험을 촉진한다면 매우 긍정적인 성과를 얻을 것으로 보인다.

그간 한류 문화의 해외 확산을 위해 그동안 문화체육관광부 등 정부 기관에서 많은 노력을 하였다(이형호, 2002). 오늘날까지 한류가 지속되고 있으며, 중동, CIS 지역으로 확산되고 있는 주요 이유 중의 하나도 바로 이런 정부기관의 노력이 큰 것으로 보인다. 이는 한류가 국가브랜드 이미지에 긍정적인 영향을 미치고 있다는 본 연구의 결과에 의하면 매우 긍정적인 일이다. 특히 국가브랜드 이미지에 대한 인식에 가장 큰 영향을 미치는 것으로 나타난 음식의 경우에 최근 한식세계화를 위한 활발한 정책을 수립하는 것은 바람직한 일이다.

그럼에도 불구하고 본 연구에서 파악한 3개 한류제품별로 관리하는 정부기관이 다르다. 영화·드라마의 경우 문화체육관광부가, 의류·디자인은 지식경제부가, 음식은 농림수산식품부[15]가 관리하고 있다. 본 연구의 결과에 의한 각 유형별 한류제품은 국가브랜드 이미지에 매우 큰 영향을 미칠 뿐만 아니라 각각의 역할과 선호되는 지역이 다르므로 이를 전체적 시각에서 통합 관리하는 노력은 매우 중요하다.

따라서 2009년 1월 30일자로 국가브랜드 위원회가 출범하여 각 정부 부처 간 통합적 시너지를 강화하기 위해 다양한 노력을 하는 것은 매우 바람직한 현상으로 파악된다. 이를 통해 위에서 제시된 다양한 한류제품 유형별로 목표지역에 따른 보다 적합한 관리전략을 수립하고, 통합적이고 일관성 있는 정책을 충분한 예산으로 강력히 추진한다면 많은 성과를 얻을 수 있을 것으로 보인다.

---

15) 한식세계화를 위한 정책은 농림식품수산부가 맡고 있으며, 가공식품에 대한 정책은 지식경제부가 담당하고 있다.

제3절 연구의 한계점 및 향후 연구 방향

이 연구는 한류의 유형(type)을 유형적 한류상품과 무형적 한류상품으로 구분하여 그 역할이 다르고 국가기업에 대한 인식 등에 영향을 미치는 관계성에도 차이가 있음을 밝혀 전략적 의사 결정을 돕는 시사점을 도출했다는 점에서 매우 유용하다고 볼 수 있다. 그러나 다음과 같은 한계점을 가지고 있다.

첫째, 기존에 구분이 없이 다뤄지던 한류의 유형(type)을 2개로 단순화하여 전략적 시사점을 얻을 수 있도록 하였다는 장점이 있으나, 인간의 다양한 감각 및 감각을 통한 지각이 미치는 과정에 대한 부분이 깊이 논의되지 못했으며 각 감각 기관의 역할이 왜, 어떻게 다른지에 대해 이론적으로 심도 있는 논의를 전개하지 못했다. 즉 인간의 5대 감각기관인 시각, 청각, 후각, 미각, 촉각 등에 대한 정보의 획득이 어떤 결과를 초래하는지에 대한 보다 명확하고 심도 깊은 논의가 필요하다고 하겠다.

커뮤니케이션의 유형에 따른 정보의 구분을 살펴보면, 출판물에 의한 시각적 정보, 라디오, 음반 등에 의한 청각적 정보, TV · 영화와 같은 시청각적 정보 등으로 구분될 수 있는데 시청각적 정보가 청각적 정보 혹은 시각적 정보에 비해 인간의 생활과 행태에 더욱 강력한 영향을 미치고 있으며, 최근 들어 발달하기 시작한 인터넷을 통한 다중의 참여에 의한 쌍방향 커뮤니케이션이 발달하면서 타 유형의 정보에 비해 더욱 강력한 영향을 미치고 있다. 현재 인터넷 등을 통해 촉각적, 후각적 자극 등을 제공할 수 있는 기술이 연구 중이며, 이들 기술이 개발되어 상용화 될 경우 매우 강력한 영향을 발휘하게 될 것으로 보인다.

본 연구에서 시청각 요소와 촉각·미각·후각에 대한 간단한 구분을 실시하였으나, 인간의 5대 감각기관을 통한 정보획득 및 활용상의 특성을 제대로 파악하지 못한 점이 있다. 인간의 감각 기관별 획득 정보의 수준이나 양이 어떤 역할을 하는지, 또한 사회적 정보의 획득과 활용 및 적응 등의 측면에서 보다 심도 깊게 파악한다면 인간 커뮤니케이션 현상에 대해 이해할 수 있는 매우 유용한 결과를 얻을 수 있을 것으로 보인다.

예를 들어 한국보건사회연구원에서 2005년도에 조사한 우리나라 시각장애인과 청각장애인에 대한 연구를 실시하였는데,[16] 사회적으로 훨씬 약자인 시각장애인이 청각장애인보다 교육수준과 경제적 수입이 높다.[17] 물론 시각장애인에 대한 사회적 지원이 많아서 그렇다고 볼 수도 있으나, 선진국에서도 유사한 특징이 나타난다는 보고가 있는 만큼 인간의 5대 감각기관을 통한 정보의 획득과 처리 능력 및 활용에 대한 보다 정교한 이론적 배경과 연구모형을 설정하여 국가 간, 문화 간의 커뮤니케이션 현상에

---

16) 시각장애인과 청각장애인의 숫자는 22만 명 수준으로 매우 유사하다.
17) 가) 시각장애인 및 청각장애인 수
    나) 시각장애인 및 청각장애인의 학력 분포

(단위: 명)

구분	시각장애	청각장애
(N)	569	594
전국추정수	219,551	227,849

(단위: %, 명)

대한 이해를 증진할 필요가 있다. 인터넷, 위성TV 등 정보통신 장비의 발달로 문화 간, 집단 간, 국가 간 커뮤니케이션이 더욱 활발해지고 있지만 이러한 정보통신 장비의 발달에 의한 인간 커뮤니케이션 영역은 주로 시각과 청각과 같은 텍스트적 접촉에 머물고 있는 실정이다. 이는 인간의 정보획득 과정이 특정 감각기관에 더욱 의존하게 되는 현상을 야기하고 있으므로 커뮤니케이션을 통한 상호 이해의 증진에 역기능을 초래 할 수도 있다.

둘째, 본 연구는 단일 횡단적(single cross-section) 조사결과만을 분석에 활용하였으나, 정기적으로 추적관찰조사(tracking survey)를 통한 시계열 분석이 이루어져야 할 것이다. 중국의 경우 향후 9조 원(450억 위안)을 들여 중국의 국가브랜드 이미지를 제고하려는 노력을 하고 있다(한국일보, 2009).[18] 우리나라는 19세기 초에 인도와 더불어 세계 GDP의 절반 가까이를 차지했던(주경철, 2009)[19] 세계의 공장이자, 문화대국을 자처하는 인구 13억

구분	시각장애	청각장애
초졸	32.7	32.4
중졸	31.4	43.4
고졸	23.5	16.5
대졸*	11.0	6.6
대학원	1.4	1.0
계	100.0	100.0
(N)	569	594
전국추정수	219,551	227,849

* 대졸: 대학 3년제 이하, 대학 4년제 이상 포함

다) 시각장애인 및 청각장애인의 월평균 개인 소득

(단위: %, 명)

의 중국과 세계 최고 수준의 기술력을 과시하고 있는 일본 사이에 놓여 샌드위치와 같은 상황에 있다는 의견이 있다. 우리나라는 그동안 전 세계적으로 유례가 없을 정도로 빠른 경제 성장을 이룩한 경험과 기술력을 갖추고 있으나, 국가브랜드 이미지는 상대적으로 저평가 되어 있다. 이러한 시점에 우리나라의 국가 브랜드 이미지를 강화하는 일은 우리나라의 번영과 직결되는 일이다. 대외적으로 보다 효과적으로 커뮤니케이션하여 국가브랜드 이미지를 강화하는 것은 현재 일부 선진 국가들이 과점하고 있는 국가 간의 정보량과 이에 따른 국제사회의 편견에 따른 불이익에서 자유로워질 수 있는 효과적인 방법이다. 따라서 국가브랜드에 따른 제 현상을 이해하고 설명할 수 있는 것은 학문적으로 매우 의미 깊은 일이다. 이를 위해서 학제 간의 다양한

구분	시각장애	청각장애
50만 원 미만	60.7	69.5
100만 원 미만	16.1	16.4
150만 원 미만	8.4	7.1
200만 원 미만	6.5	4.4
250만 원 미만	3.9	1.2
250만 원 이상	4.2	1.4
(N)	567	593
전국 추정 수	218,837	227,458

출처: 2005년 장애인 실태조사, 한국보건사회연구원, 2006.

18) 중국 정부가 450억 위안(9조원)을 투자해 중국 언론을 세계적으로 영향력 있는 미디어로 키우기로 했다. 홍콩의 사우스 차이나 모닝 포스트는 13일 중국 정부가 관영 신화통신, 공산당 기관지인 인민일보, 관영 지상파 방송 CCTV 등 3대 매체에 각각 3조원씩을 투자, 세계적 언론으로 키우겠다는 '글로벌 미디어 드라이브'를 시작했다고 보도했다. (한국일보 2009/1/14).

19) 19세기 초 중국·인도의 GDP 총생산은 전 세계의 50%나 차지했다. 2001년 현재 각국이 차지하는 비중(중국 12%, 인도 5%)에 비하면 엄청난 차이라고 주경철(2009)은 주장했다.

이론적 배경을 바탕으로 조사 지역과 표본 수를 확대하여 정기적으로 추적관찰 조사(tracking survey)를 수행하면서, 국가별, 지역별, 문화권별 특성을 파악하고 연구한다면 이론적, 실무적으로 매우 유용한 시사점을 얻을 수 있을 것으로 보인다. 향후 이러한 영역에 대한 보다 심도 깊고 다양한 후속 연구 결과를 기대한다.

참고문헌

〈국내〉

강병남(2006). 한국음식의 글로벌화 전략. 혜전대학.

강형구·문효진·윤정원(2007). 한국의 국가 이미지 및 문화상품 이미지
　　에 대한 상호인식에 관한 연구. 「광고연구」, 가을호.

고정민·강신겸·이안재(2005). 한류지속과 기업의 활용방안. 삼성경제
　　연구소.

권연수(2005). 한류 지속을 위한 현지화 전략 연구: 일본을 중심으로. 인
　　문콘텐츠학회 2005년도 국제학술심포지엄(2005.9).

김명전(2005). 국가브랜드 관리를 위한 한국의 이미지 지형에 관한 연구.
　　성균관대학교 박사논문.

김봉철·이병관·최양호(2005). 한국의 국가이미지와 광고에 대한 일반적
　　평가가 상품 및 기업이미지에 미치는 영향. 「한국방송학보」, 19-3.

김세원(2008). (The)Influence of Country-of-Brand Images on Korean Consumers'
　　Brand Evaluation: Focusing on foreign luxury brands. 고려대학교 국제대
　　학원 박사논문.

김영진(2006). 브랜드이미지 강화를 위한 체험마케팅에서의 체험유발 요
　　소 관찰연구. 이화여자대학교 디자인대학원 석사논문.

김용상(1999a). 국가이미지에 대한 이론적 고찰. 「한국전통상학연구」, 13
　　집 2호, pp.234~235.

김용상(1999b). 국가이미지 국제비교에 관한 연구. 「관광정책학연구」, 5
집 2호, pp.95~96.

김유경(2007). 국가브랜드 개성의 차원에 관한 연구. 「광고연구」, 여름호,
pp.89~119.

김유경 · 이창현 · 손산산(2008). 국가브랜드에 대한 태도가 제품구매의
도에 미치는 영향: 중국의 한류를 중심으로. 「커뮤니케이션학
연구」, pp.35~55.

김재은 · 박길순(2004). 한류현상이 중국 신세대 패션에 미친 영향 분석.
「한국의류학회지」, Vol.28, pp.154~164.

김정수(2002). 한류(韓流) 현상의 문화산업정책적 함의: 우리나라 문화산
업의 해외진출과 정부의 정책지원. 「한국정책학보」, 11-4.

김정탁 · 박진서 · 김소형(2002). 미국 언론에 나타난 동북아 3국의 국가
이미지 비교연구. 「광고연구」, 제54호, pp.167~189.

김흥규(1997). 「사회과학통계분석」, 나남: 서울.

도성수(2005). 원산지, 포지션, 가시성이 수용가격에 미치는 영향과 마케
팅커뮤니케이션에 주는 함의. 세종대학교 대학원 박사논문.

문은아(2004). 문화콘텐츠 산업의 제품화에 감각적 체험 마케팅활용에
관한 연구. 「한국디자인포름」, 9호, pp.179~197.

박기순(1996). 문화 간 커뮤니케이션과 이미지. 「한국커뮤니케이션학」,
제4집, pp.53~68.

박성연 · 황정은(2005). 매장 내 체험적 경험이 브랜드 태도 및 구매의도
에 미치는 영향. 「경영논총」, 제23집 제2호, pp.69~93.

배일현(2008). 엔터테인먼트상품의 성공으로 인한 한류열풍이 한국 제품
의 이미지와 구매의도에 미치는 영향. 「국제지역연구」, 제12권
제2호, pp.175~201.

손산산(2007). 한류가 한국 국가이미지, 방문의도 및 제품 구매의도에 미
치는 영향: 중국인을 조사대상 중심으로. 한국외국어대학교 석
사학위논문.

서용건 · 김희수(2002). 「한류를 이용한 중국관광객 유치증진방안」, 한국
관광연구원.

서용건 · 서용구(2004). 한류가 한국의 관광이미지와 관광객 의사결정에
미치는 영향. 「관광학연구」, 제28-3권.

신호창(2001). 국가이미지 실태와 형성과정. 한국언론학회 2001년도 심

포지엄, pp.1~33.

심수연(2007). 전통적 마케팅과 체험 마케팅이 브랜드 로열티에 미치는 영향에 대한 비교 연구. 경희대학교 경영대학원 석사논문.

안광호(2006a). 「마케팅 조사원론(4판)」. 학현사: 서울.

안광호(2006b). 「정서마케팅」. 애플트리태일즈: 서울.

안종석(2003). 브랜드 및 제조국에 따른 중국 소비자의 제품품질 지각 차이와 구매행동에 관한 연구. 「국제통상연구」, Vol.8 No.2.

안종석(2005). 다차원적 속성의 국가이미지가 제품평가 및 브랜드 태도에 미치는 영향: 중국소비자를 중심으로. 「국제경영연구」, 제16권 제2호, pp.63~90.

염성원(2003). 한국의 국가이미지 연구 동향에 관한 연구. 「광고학연구」, 제14권 3호, p.93.

오수희(2005). 감각, 감성, 인지 체험 간 관계가 경험적 가치와 브랜드 태도에 미치는 영향에 관한 연구. 이화여자대학교 대학원 석사논문.

유재웅(2008). 「국가이미지 - 이론과 전략 프로그램」. 커뮤니케이션북스(주): 서울.

유정(2005). 한류가 한국 국가이미지, 기업이미지 및 구매의도에 미치는 영향에 관한 연구. 성균관대학교 석사학위논문.

이규완(2001). 미국, 일본, 스위스, 독일, 프랑스의 국가 이미지와 상품이미지의 변화에 관한 연구: 1984년과 2001년의 비교. 「광고학연구」, 제12월 4호.

이명환(2007). 브랜드 원산지에 대한 적대감, 민족주의 성향 및 제품전형성이 제품평가와 구매의사에 미치는 영향. 한양대학교 대학원 박사논문.

이운영(2007). 한류의 원산지 효과 - 중국과 일본 한류의 비교. 「무역학회지」, 제32권 - 5, pp.405~426.

이인구・김종배・오재환(2006). 음식 한류에 대한 중국과 일본의 비교연구. 「대한경영학회지」, 제19권 6호(통권 59호), pp.2335~2355.

이제영・최영근(2007). 국가이미지와 브랜드에 관한 유형화 연구. 「한국언론정보학보」, 통권 38호.

이재호(2007). 브랜드 이미지 연상의 구조적 특성과 효과 연구: 연상 네트워크 기업 모형을 중심으로. 한국외국어대학교 박사논문.

이준웅(2006). 중국의 한류현상에 대한 매개된 문화 간 커뮤니케이션 효과 모형 검증 연구. 「한국방송학보」, 통권 20-3.

이창현(1997). 광고신념 측정에 관한 연구. 한국외국어대학교 석사논문.

이창현·김유경·이효복(2010). 한류경험의 유형이 국가브랜드 이미지 와 기업 및 제품의 인식에 미치는 영향에 관한 연구. 「광고연구」, 87호(겨울호).

이창현·정석균(2011). 한류 체험경로별 국가이미지 제고효과 분석, 「브랜드디자인학연구」, 17호.

이춘수(2006). 국가이미지와 기업 이미지의 상호작용 효과에 대한 실증 연구: 삼성전자의 중국소비자를 중심으로. 고려대학교 대학원 박사학위논문.

이학식·임지훈(2008). 「구조방정식 모형분석과 AMOS 7.0」. 법문사: 서울.

이형호(2002). 「한류에 관하여」. 문화관광부.

정상철·안성배·임초정(2002). 「한국 대중문화산업의 해외진출을 위한 지원방안 연구: 한류(韓流)의 지속화 방안을 중심으로」. 한국문화정책개발원.

정형식(2006). 중국시장에서 소비자의 한류지각이 한국상품 구매 및 국가이미지에 미치는 영향. 「소비자학연구」, 17-3.

조종혁(1994). 「커뮤니케이션학」. 세영사: 서울.

주경철(2009). 「문명과 바다」. 산처럼: 서울.

주현식(2007). 로하스(LOHAS) 한류가 국가 및 관광이미지, 한국에 대한 태도, 방문의도에 미치는 영향요인에 관한 연구. 「관광학연구」, 31-4, pp.301~320.

차동영(2004). 한류가 한국관광산업에 미치는 영향: 중국 관광객을 중심으로. 서강대학교 대학원 석사학위 논문.

채지영·윤유경(2006). 일본인의 한국대중문화 수용실태 및 소비경험에 관한 연구. 「한국심리학회지」, Vol.7, pp.377~400.

천명환(2006). 교차문화적 관점에서 경쟁적 브랜드 선택에 영향을 미치는 심리적 거리 및 국가이미지. 「한국콘텐츠학회논문지」, Vol.6 No.10.

최영묵(2006). 동북아시아 지역의 텔레비전드라마 유통과 민족주의. 「언론과학연구」, 제6권, pp.463~497.

한정호·김상훈(2004). 효과적인 국가 해외 홍보 방안에 관한 연구: 해외 홍보 주재관들 의견 분석을 중심으로. 「홍보학연구」, 8(1), pp.5~45.

허건(2007). 중국 소비자들의 한국자동차에 대한 상표이미지 결정요인에 관한 연구. 韓南大學校 大學院 박사논문.

허진(2002). 중국의 한류현상과 한국 TV드라마 수용에 관한 연구.「한국방송학보」, 16-1.

홍성태·손일권(1998). 브랜드 포트폴리오 특성과 기업 이미지가 소비자의 제품평가에 미치는 영향.「경제연구」, 19(2), pp.243~277.

홍성태·강동균·大屋齊彦(2007). 한류가 한국산 제품에 대한 평가 및 구매의도에 미친 영향: 일본시장 사례를 중심으로.「미케딩 관리연구」, 제12권, pp.71~90.

황병일·김범종(2002). 원산지와 제품특성이 구매의도에 미치는 상호작용효과.「광고학연구」, 13-5.

황인석·원유진·김화경(2007). 한·중 소비자 간 합리적 구매성향 및 구매 후 반응 비교에 관한 탐색적 연구.「소비문화연구」, Vol.10 No.1.

〈국외〉

Aaker, D. A. and Keller, K. L.(1990). Consumer evaluations of brand extensions. *Journal of Marketing*, Vol.54(January), pp.27~41.

Aaker, D. A.(1991). Managing Brand Equity. The Free Press, USA.

_____.(1996). *Building Strong Brands*. NY: The Free Press. 김명전(2005). 국가브랜드 관리를 위한 한국의 이미지 지형에 관한 연구, 성균관대학교 박사학위 논문에서 재인용.

Aaker, J. L. and S. Fournier(1995). A brand as a character, a partner and a person: three perspectives on the question of brand personality. *Advances in Consumer Research*, Vol.22, pp.391~395.

Ahmed, Sadrudin A. and Alain D'astous(1995). Comparison of country-of-origin effects on household and organizational buyers' product perceptions. *European Journal of Marketing*.

Ahluwalia, R., Unnava, H. R., and R. E. Burnkrant(2001). The Modeling Role of Commitment on the Spillover Effects of Marketing Communications. Journal of Marketing Research, Vol.38(November), pp.458~470.

Aldersey-Williams, H.(1998). *Cool Britannia's big chill*. New Statesman, 10 April, pp.12~13.

Al-Sulaiti, Khalid I. and Michael J. Baker(1998). Country of Origin Effects: A Literature Review. Marketing Intelligence & Planning, Vol.16 No.3, pp.150~199.

Chao, P., Wührer and Werani(2005). Celebrity and foreign brand name as moderators of country-of-origin effects. *International Journal of Advertising*, 24(2)에서 재인용

Anderson, W. and W. Cunningham(1972). Gauging Foreign Product Promotion. Journal of Advertising Research, 12, pp.24~34.

Anderson, J. C., and D. W. Gerbing(1988). Structural Equation Modeling in Practice: A Review and Recommended Two-Step Approach. Psychological Bulletin, 103(3), pp.411~423.

Andersen, Paul Houman and Paul Chao(2003). Country-of-Origin Effects in Global Industrial Sourcing: Toward an Integrated Framework. *Management International Review*, Wiesbaden: Fourth Quarter, Vol.43 Iss.4. 정성훈 · 이춘수(2006). 국가이미지 문헌연구에 관한 소고. 「국제지역연구」 에서 재인용.

Anholt, S.(2007). *Competitive Identity: The New Brand Management for Nations, Cities and Regions*. Palgrave Mcmillan, UK.

Bagozzi, R. P. and T. Yi(1988). On the evaluation of structural equation models. *Journal of the Academy of Marketing Science*, 16(1), pp.74~94.

Balachander, S., and S. Ghose(2003). Reciprocal Spillover Effects: A Strategic Benefit of Brand Extensions. *Journal of Marketing*, Vol.67(January), pp.4~13.

Bannister, J. P. and J. A. Saunders(1978). UK Consumers' Attitudes towards Imports: The Measurement of National Stereotype Image. *European Journal of Marketing*, 12(8), pp.563~570.

Bilkey, W. J., and E. Nes(1982). Country-of-Origin Effects on Product Evaluations. Journal of International Business Studies, 13(1), pp.89~99.

Bluemelhuber, Christian, Larry L. Carter and C. Jay Lambe(2007). Extending the view of brand alliance effects: An integrative examination of the role of country of origin. *International Marketing Review*, Vol.24.

Chao, P.(1993). Partitioning Country of Origin Effects: Consumer Evaluation of Hybrid Product. Journal of International Business Studies, 24(2), pp.291~306.

Chao, P., G. Wührer and T. Werani(2005). Celebrity and foreign brand name as moderators of country-of-origin effects. *International Journal of Advertising*, 24(2), pp.173~192.

Dinnie, Keith(2008). *Nation Branding: concepts, issues, practice.* 김유경 역(2009). 「글로벌브랜드 가치제고를 위한 국가브랜드의 전략적 관리」. 나남: 서울.

Engel, James, F., Roger D. Blackwell and Paul W. Minard(1990). *Comsumer Behavior*(6th ed.). Hinsdale: The Dryden Press, Inc.

Erickson, G. M., J. K. Johansson and P. Chao(1984). Image Variables in Multi-Attribution Product Evaluations: Country-Of-Origin Effects. *Journal of Consumer Research*, Vol.11(2), pp.694~699.

Fishbein, M. and I. Ajzen(1975). *Belief, attitude, intention, and behavior: and introduction to theory and research.* Reading, MA: Addison-Wesley.

Fornell and Larcker(1981). Evaluation structural equation models with unobserved variables and measurement error. Journal of Marketing Research, 18(1), pp.39~50.

Galtung, Johan(1981). *Theory of A structural theory of imperialism*, Media Asia, 2, pp.93~96.

Gilmore. F.(2002). An country-Can it be repositioned? Spain-the success story of country branding. *Journal of Brand Management,* 9, 4~5, pp.335~354.

Goeldner, C. R. and J. R. B. Ritchie(2003). *Tourism: Principles, Practices, Philosophies, 9th edition.* New Jersey: John Wiley & Sons.

Gurhan-Canli, Z. and D. Maheshwaran(2000). Cultural variations in country of origin effects. *Journal of Marketing Research,* Vol.XXXVII.

Hall, E. T.(1984). *The dance of life. Garden City,* NY: Doubleday/Anchor.

Ham, Van P.(2001). The rise of the brand state: The postmodern politics of image and reputation. *Foreign Affairs,* 80(5), pp.2~6.

Han, C. Min(1989). Country Image: Hallo or Summary Construct?. *Journal of Marketing Research*, 26, pp.222~229.

Hofstede, G.(1991). *Cultures and organizations: software of the mind.* NY: McGraw-Hill.

Hong, Sung-tai and Robert S. Wyer, Jr.(1989). Effects of Country-of-Origin and Product-Attribute Information on Product Evaluation: An Information

Processing Perspective. *Journal of Consumer Research*, 16(September), pp.175~187.

_____(1990). Determinants of Product Evaluation: Effects of the Time Interval between Knowledge of a Product's Country of Origin and Information about Specific Attributes. *Journal of Consumer Research. 16 (December)*, pp.277~288.

Hornik, Jacob(1992). Tactile Stimulation and Consumer Response. *Journal of Consumer Research*, 19(3), pp.449~458.

Johansson, J. K., S. P. Douglas and I. Nonaca(1985). Assessing the Impact of Country of origin on Product Evaluation: A New Methodological Perspective. *Journal of Marketing Research*, Vol.12, pp.388~396.

Journal of Brand Management, special Issue: Nation Branding, 9, 4~5, April 2002.

Keller, Lane Kevin(1998). *Strategic Brand Management: Building, Measuring, And Managing Brand Equity*. Prentice-Hall, INC. 브랜드앤컴퍼니(주) 역 (2001). 「브랜드매니지먼트」. 브랜드앤컴퍼니(주): 서울.

_____(2003). *Strategic Brand Management: Building, Measuring, and Managing Brand Equity, Second Edition*. Prentice Hall, USA.

Kim, ChungHyun., Young Seok Son and WoonBong Na(1997). Measuring Nation's Image in Cross Cultural Context. 6th Symposium on the Cross Cultural Consumer and Business Study. *Society for Consumer Psychology*, pp.148~149.

Kim, Yungwook(2006). Do South Korean companies need to obscure their country-of-origin image: A case of Samsung. *Corporate Communications: An International Journal*, Vol.11 No.2, pp.126~137.

Klein, Jill Gabrielle, Richard Ettenson, and Marlene D. Morris(1998). The Animosity Model of Foreign Product Purchase: Am Empirical Test in the People's Republic of China. *Journal of Marketing*, 62(January), pp.89~100.

Kotler, P. and D. Gertner(2002). Country as brand, product, and beyond: A place marketing and brand management perspective. *Journal of Brand Management*, 9(4-5), pp.249~261.

Kotler, P., D. H. Haider and I. Rein(1993). *Marketing Places: Attracting Investment, Industry, and Tourism to Cities*. States And Nations, Free Press, USA.

Lantz, Garold, and Sandra Loeb(1996). Country of Origin and Ethnocentrism:

An Analysis of Canadian and American Preferences Using Social Identity Theory. *Advances in Consumer Research,* pp.374~378.

Lee, Dong-dae and Gopala Ganesh(1999). Effects of Partitioned Country Image in the Context of Brand Image and Familiarity. *International Marketing Review,* 16(1), pp.18~39.

Lee, Kyung Mi(2009). *Nation Branding and Sustainable Competitiveness of Nation.* PhD Thesis, University of Twente, the Netherlands.

Lefkoff-Hagius, Roxanne and Charlotte H. Mason(1990). The Role of tangible and Intangible Attributes in Similarity and Preference Judgements. *Advances in Consumer Research,* Vol.17, pp.135~143.

Lillis, Charles M. and Chem L. Narayama(1974). Analysis of" Made in" Product Images-An Exploratory Study. *Journal of International Business Studies.*

Martin, I. M. and Sevgin Eroglu(1993). Measuring a Multi-dimensional construct country image. *Journal of Business Research,* Vol.28:3, pp.191~201.

Martin, Lindstrom(2005). BRAND SENSE: How to Build Powerful Brands Through Touch, Taste, Smell, Sight and Sound. Free Press, A Division of Simon & Schuster, Inc., New York, p.227. 최원식(2006). 「세계 최고 브랜드에게 배우는 오감브랜딩」. 랜덤하우스중앙(주): 서울에서 재인용.

McMurray, A. J.(2003). Country of Origin: A Critical Measure in Work Commitment Studies within Multi-Cultural Contexts. *Journal of American Academy of Business.*

Mihailovich, P.(2006). Kinship branding: A concept of holism and evolution for the nation brand. *Place Branding,* 2, 3, pp.229~247.

Moffitt, M. A.(1994). A cultural studies perspective toward understanding corporate image: A case study of State Farm Insurance. *Journal of Public Relations Research,* 6(1), pp.41~66.

Morgan, N., A. Pritchard and R. Poggott(2002). New Zealand, 100%pure. The creation of a powerful niche destination brand. *Journal of Brand Management,* 9(4~5), pp.335~354.

Morris, Tom and Cynthia M. Pavett(1992). Management Style and Productivity in Two Cultures. *Journal of International Business Studies,* 23(1), pp.169-179.

Mullen, Michael R.(1995). Diagnosing Measurement Equivalence in Cross-National Research. *Journal of International Business Studies,* 26(3), 1995, pp.573~596.

Myers, G. E. and M. T. Myers(1976). *The Dynamics of Human Communication: A laboratory Approach.*, Hiilsdale, New Jersey: Lawrence Nlbaumm Publishers, p.31. 조종혁(1999). 「커뮤니케이션학」. 세영사: 서울에서 재인용.

Nagashima, Akira(1970). A Comparison of Japanese and U. S. Attitudes toward Foreign Products. *Journal of Marketing,* 34(January), pp.68~74.

_____(1977). A comparative "Made In" product image survey among Japanese businessmen. *The Journal of Marketing.*

Narayana, Chem L.(1981). Aggregate Images of American and Japanese Products-Implications on International Marketing. *Columbia Journal of World Business,* 1981 Summer. Vol.16 Issue 2. 31.

Nebenzahl, Israel D., Eugene D. Jaffe(1986). The Marketing Challenges of the Newly Independent Republics. *Journal of International Marketing,* Vol.2(1), pp.424~429.

_____(1996). Measuring the joint effect of brand and country image in consumer evaluation of global products. *International Marketing Review,* Volume 13. Number 4, pp.5~22.

Nebenzahl, Israel D., Eugene D. Jaffe and Shlomo I. Lampert(1997). Towards a theory of country image effect on product evaluation. *Management International Review,* 37, pp.27~49.

Nye, Josep S.(2004). *Soft Power: The means to success in world politics.* Perseus Books Group.

Obermiller, C. and E. Spangenberg(1989). Exploring the Effects of Country of Origin Labels: An Information Processing Framework. In T. K. Srull(ed.). *Advances in Consumer Research,* vol. 16. Association for Consumer Research. pp.454~495.

Oh, Sung-Keun(2009). *Brand Marketing Strategy of SME's at Overseas Market: TreckSta Case.* Helsinki School of Economics, Executive Master Business Administration.

Olins, Wolff(1999). *Trading Identities: Why Countries and companies are taking each others' roles.* The Foreign Policy Centre, London.

_____(2002). Branding the nation-the historical context. *Journal of Brand Management,* 9(4~5), pp.241~248.

_____(2003). *Branding Germany.* www.wolff-olins.com germany(accessed

16/05/03).

O'Loughlin, Deirdre and Isabelle Szmigin(2005). Customer perspectives on the role and importance of branding in Irish retail financial services. *International Journal of Bank Marketing,* Vol.23, pp.8~27.

O'Shaughness, J. and N. Jackson(2000). treating the nation as a brand: Some neglected issues. *Journal of Macromarketing*, 20(1), pp.56~64.

Papadopoulos, N. G.(1993). *What Product and Country Images are and are* Not. In Papadopoulos. Nicolas. G. and Louis. A. H.(eds.). *Country of-Origin Images: Impact and Role in International Marketing.* New York: International Business Press.

Papadopoulos, N. G. and A. L. Heslop(1993). *Country-of-Origin Images: Impact and Role in International Marketing.* New York: International Business Press.

_____(2002). Country equity and country branding: Problems and prospects. *Journal of Brand Management,* 9(4~5), pp.294~314.

Parameswaran, R. and R. M. Pisharodi(2002). Assimilation Effects in Country Image Research. *International Marketing Review*, 19(3), pp.256~278.

Peck, Joann and Terry L. Childers(2003). Individual Differences in Haptic Information Processing: The "Need for Touch" Scale. *Journal of Consumer Research,* Vol.30, pp.430~442.

_____(2003). To Have and To Hold: The Influence of Haptic Information on Product Judgments. *Journal of Marketing,* Vol.67, pp.35~48.

Peck, Joann and Jennifer Wiggins(2006). It Just Feels Good: Customers' Affective Response to Touch and Its Influence on Persuasion. *Journal of Marketing,* Vol.70, pp.56~69.

Peterson, Robert A. and Alain JP Jolibert(1995). A Meta-Analysis of Country-of-Origin Effects. *Journal of International Business Studies,* Vol.26.

Porter, M.(1998; first published 1990). *The Competitive Advantage of Nations.* Palgrave, UK.

Reierson, C.(1966). Are Foreign Products Seen as National Stereotypes?. *Journal of Retailing*, 42(3), pp.33~40.

Roth, Martin S. and Jean B. Romeo(1992). Matching Product Category and Country Image Perceptions-A Framework for Managing Country-of-Origin Effects. *Journal of International Business Studies*, pp.477~497.

Schmitt, Bernd(1999). Experiential Marketing. *Journal of Marketing Management*, 15, pp.53~67.

Schmitt, Bernd(2002). *Experiential Marketing*. 박성연 · 윤성준 · 홍성태(2003). 「체험마케팅」. 세종서적: 서울.

문은아(2004). 문화콘텐츠 산업의 제품화에 감각적 체험 마케팅활용에 관한 연구. 「한국디자인포름」 9호, pp.179~197에서 재인용.

Schooler, R. D.(1965). Product bias in the central American common market. *Journal of Marketing Research*, 2(November). pp.394~397.

Shimp, T. and S. Sharma(1987). Consumer Ethnocentrism: Construction and Validation of the CETSCALE. *Journal of Marketing Research*, 24 (August), pp.280~289.

Szondi, G.(2007). The role and challenges of country branding in transition countries; the Central and Eastern European experience. *Place Branding and Public Diplomacy*, 3(1), pp.8~20.

Temporal, P.(2002). *Advanced Brand Management: From Vision to Valuation*. John Wiley & Sons(Asia), Singapore.

Temporal, P.(2006). *www.asia-inc.com/index*(accessed 23/06)

Tubbs, S. and S. Moss(1980). *Human Communication*. New York: Random House, p.27. 조종혁(1999). 「커뮤니케이션학」. 세영사: 서울에서 재인용.

Vanossi, P.(2006). *Country as Brand: Nation Branding*. www.affisch.org(accessed 14/01/06).

〈국내외기관〉

한국관광공사(2009). www.visitkorea.or.kr.

국가정보원(2009). www.nis.go.kr.

국가브랜드위원회(2009). www.koreabrand.go.kr.

국립국어원(2009). 「표준국어대사전」. www.naver.com

국정홍보처(2007). www.allim.go.kr.

국제문화산업교류재단(아시아문화산업교류재단)(2005). 「한류 실태 파악을 통한 활성화 방안연구」. 서울.

기획재정부(2009). www.mosf.go.kr

농림수산식품부(2009). http://www.mifaff.go.kr

문화관광체육부(2009). www.mcst.go.kr.

미래기획위원회(2009). www.future.go.kr.

산업정책연구원(2006).「국가경쟁력연구보고서」. IPS.

연합뉴스, 매일경제, 조선일보, 중앙일보(2007. 5. 25).

외교통상부(2009). www.mofat.go.kr.

지식경제부(2009). www.mke.go.kr.

한국무역협회 국제무역연구원(2005, 2006, 2007).「208개 경제·무역·사
　　회 지표로 본 대한민국」. 서울.

한국언론재단(2008).「2008 언론수용자 의식조사」, 서울: 커뮤니케이션북스

한국언론재단(2009). www.kpt.or.kr

한국일보(2009). news.hankooki. com/lpage /world/200901/h20090114032 60222510.htm.

현대경제연구원(2009). www.hri.co.kr.

Anholt-GMI(2007). National Brand Index. www.nationbrandindex.com

IMD World Competitiveness Center(2007). www.worldcompetitiveness.com.

KOTRA(2005).「2005 국가이미지 현황」.

KOTRA(2006, 2007, 2008).「국가브랜드맵 작성연구」.

KOTRA(2008, 2009). www.kotra.or.kr

OECD(2009). www.oecd.org.

VANK(2009). www.prkorea.com.

이창현 ─────────

저자는 KOTRA(대한무역투자진흥공사) 소속으로, 현재 밀라노KBC에서 근무 중이다. 2007년부터 KOTRA의 국가브랜드관리본부를 운영하였으며, 2009년 대통령 직속 국가 브랜드위원회 설립 초창기부터 2011년 1월 말까지 위원회에서 선임전문위원으로 파견 되어 근무하였다. 경영전략 컨설팅회사인 EonGroup의 이사, 통신회사인 LG텔레콤의 마케팅 부장을 거쳤다.

주로 소비재 기업의 마케팅전략 수립, 브랜드 개발, 브랜드 리포지셔닝 전략 수립, 소비자 조사 등의 업무를 수행하였고, 한국외국어대학교에서 브랜드 전공(신문방송학) 박사학위를 받았다. 인하대학교, 한국외국어대학교, 성균관대학교, 한양대학교, 이화여대학교, 한국생산성본부 등에서 강의하였다.

E-mail : chnghyn2@naver.com

국가브랜드와 한류

초 판 인 쇄 | 2011년 7월 8일
초 판 발 행 | 2011년 7월 8일

지 은 이 | 이창현
펴 낸 이 | 채종준
펴 낸 곳 | 한국학술정보㈜
주   소 | 경기도 파주시 교하읍 문발리 파주출판문화정보산업단지 513-5
전   화 | 031) 908-3181(대표)
팩   스 | 031) 908-3189
홈 페 이 지 | http://ebook.kstudy.com
E - m a i l | 출판사업부 publish@kstudy.com
등   록 | 제일산-115호(2000. 6. 19)

ISBN   978-89-268-2259-3 93320 (Paper Book)
            978-89-268-2260-9 98320 (e-Book)